Poemas de amor

Mario Benedetti
Poemas de amor

Selección y prólogo de Elvira Sastre

Papel certificado por el Forest Stewardship Council®

Primera edición: marzo de 2026

Printed in Spain – Impreso en España

ISBN: 978-84-204-7804-3
Depósito legal: B-1175-2026

Compuesto en MT Color & Diseño, S. L.
Impreso en Unigraf S. L., Móstoles (Madrid)

A L 7 8 0 4 3

Prólogo

¿Existe emoción más presente en la poesía que el amor? Pasan los siglos y, con ellos, sus poetas fundamentales, y no hay una época que no sea abrazada por multitud de poemas amorosos. Por eso este género nos gusta tanto a los que confiamos en las bondades de su efecto.

El amor, en todas sus variantes y caminos paralelos, es a veces un motor que permite el movimiento y, otras, un arma para combatir el desconsuelo. En los poemas políticos y sociales aparece el afecto a la patria o a sus gentes y en las obras existencialistas se encuentra el mismo apego por entender la vida y amar sus fisuras. Uno puede leer un poema a la naturaleza y hallar en sus versos el sentimiento profundo que despiertan los pájaros, y al mismo tiempo entender la emoción luminosa de la tristeza. Todo eso también es amor: la mezcla de experiencias, gestos y formas de mirar y existir.

La poesía nos recuerda quiénes somos y Mario Benedetti es uno de sus mejores intérpretes. El acto de escribir un poema supone una traducción de uno mismo, un acto casi físico que requiere de ganas de oscuridad y de la capacidad de hallar la luz en ella. Cuando uno decide bucear en su propio cuerpo a través de la palabra, sabe que aquello que desconoce es lo que formará el poema. Y cuando lo hace con el corazón en la mano, lo que comparte es una guía de respuestas. Benedetti nos hace pensar que este gesto épico parece algo sencillo, pero no sería justo no reconocer la dificultad del camino que recorre para lograrlo. Si algo queremos hacer sus lectores tras leerle es darle las gracias. Ese reconocimiento, después de un tiempo trabajando en la antología que ahora tienes entre las manos, es lo primero que quiero hacer.

Mario Benedetti es uno de los poetas más importantes y relevantes de la poesía del amor. El escritor latinoamericano es también autor de narrativa, cuento, teatro y ensayo. Nació en Uruguay en 1920 y, desde muy joven, tuvo múltiples oficios, cuyas marcas aparecerían también en sus poemas, como vendedor, taquígrafo o periodista. En 1973, tras el golpe de Estado en Uruguay, sufriría el exilio y sus consecuencias, que ya nunca le abandonarían. Esta marcha forzosa de su país marcaría profundamente la personalidad de un hombre sencillo y humilde, y su trabajo literario quedaría empapado de compromiso social y político. A su regreso a Uruguay, tras la vuelta de la democracia en 1985, se volcó en la reconstrucción sociopolítica del país: colaboró en medios, participó en causas sociales y fue una voz de memoria para los crímenes de la dictadura.

A pesar de ello, Benedetti nunca dejó de escribir sobre el amor. Hasta en sus peores momentos, alejado de su tierra, halló espacio para versos luminosos, como si los usara de escudo ante lo que estaba viviendo, quizá también resultado de una personalidad sensible y cercana. A pesar de su fama, siempre mantuvo un trato afectuoso con sus amigos y lectores, buscando compartir con ellos ideas o emociones. Fue mentor de multitud de escritores jóvenes y continuó defendiendo sus ideales. Si algo destaca, también, en su trabajo, es una fina ironía y un humor amable ante las situaciones difíciles de su vida, sin dejar de ser crítico y reflexivo. Todo esto conforma el hombre que era el poeta —o el poeta que era el hombre— y cómo entendía la literatura: como un puente entre las personas.

Su estilo poético es un reflejo de esa personalidad: sencillo, capaz de emocionar sin artificio. Su poesía busca comunicar y nombrar lo cotidiano con una ternura lúcida. Huye de las grandilocuencias, pienso, en un intento por acercar la poesía a las personas. Si el poeta ha de traducir, el resultado debe ser comprensible. Y eso es lo más difícil. Por eso es un poeta universal y querido en todo el mundo. Llevó el idioma a todos los rincones que quisieron entenderlo y supo colocar con un gesto amable sus palabras en las bocas de otros. Gracias a él, somos capaces de pronunciar lo que desconocemos, explicarle a alguien cómo nos sentimos y recordar lo que vivimos con la precisión del presente.

Esa es la poesía que defiendo y con ese sentimiento me he acercado ahora a su obra. He querido redescubrir al hombre ilusionado, enamorado y transparente; también al enojado, al que se entristecía, al derrotado; y, por supuesto, también al hombre esperanzado y sabedor de que la memoria es la única que nos guarda tal y como somos.

POEMAS DE AMOR

El acto de acercarse a la poesía de Mario Benedetti como lectora es hermoso. Es un gesto natural del que necesita respuestas o cuestionarse emociones. Llego a él sabedora de que hallaré lo que busco. Como antóloga, el ejercicio ha sido distinto, pero con un resultado muy parecido. He buscado en su poesía rastros, huellas de su forma de entender el amor. No estaba del todo segura de lo que iba a descubrir y el resultado ha sido esta selección. He encontrado poemas de épocas muy diferentes que dialogan entre sí como si hubieran sido escritos y separados por la mitad. El baile que resulta es precioso. Es más, podríamos reunir en un poema infinito toda su obra y tendría sentido. Ese hallazgo no es otro que su honestidad como escritor: todo en él es verdad.

En su poesía podemos identificar claramente la línea evolutiva de un sentimiento tan amplio como el amor, y eso es lo que he querido mostrar: el nacimiento, su crecimiento, la muerte y su reconstrucción. He pretendido hacerlo desde la universalidad del sentimiento sin dejar a un lado la experiencia íntima del escritor, que me parece lo más importante. El viaje es así: desde la mirada hasta el encuentro. Desde el gesto íntimo hasta la ruptura. Desde el dolor hasta la memoria. Desde el recuerdo hasta la esperanza. Cada momento siempre nos lleva a otro.

Ordenar toda una existencia hecha palabra no parece que concuerde demasiado con la poesía ni con la vida, y tampoco sé si a él le gustaría leerse en línea recta, pero a la hora de estructurar mi elección he querido seguir sus pasos en cuanto a claridad y cercanía con el lector. Si alguien se decanta por el azar, puede abrir este libro por cualquiera de sus páginas y encontrará algo que le resuene. Si, por el contrario, prefiere contemplar el amor como un paisaje y detenerse donde le pida el cuerpo, puede empezar por el principio y dejarse llevar por el orden propuesto.

Poemas de amor se estructura, por tanto, en seis fases, en una suerte de hilo emocional que une las distintas visiones del amor de Mario Benedetti de forma ordenada. Son poemas de épocas diferentes que, insisto, parecen responderse entre ellos como si estuvieran escritos con un único sentimiento. Quizá el poeta vio el amor siempre de la misma manera y lo único que cambió fue de nombre y forma. No lo sé, pero su voz y los ecos que deja son inconfundibles.

La antología comienza con «El asombro», que reúne los poemas que versan sobre las primeras veces, esa inocencia, el descubrimiento de los cuerpos, la alegría del encuentro, todo un mundo de curiosidad y ganas. A continuación, llega «La ternura» y una serie de versos que podrían resumirse en los gestos, el deseo, el afán por el futuro, esa segunda fase que sigue al primer acercamiento. Después, aparece «Lo cotidiano», y la belleza con la que el uruguayo escribe sobre la rutina compartida, lo simple, el humor, las bondades de la costumbre. Es entonces cuando todo se rompe y surge «La herida», con la consecuente vulnerabilidad, el dolor de la pérdida, los primeros y últimos desencuentros que nos conducen a la siguiente fase, «La ausencia», con poemas cuya temática principal es la soledad, la distancia, la espera. Así es como llegamos al final, con esa palabra que forma parte de su universo: «La resistencia». En esta fase, como en la vida, los poemas de Benedetti alcanzan la esperanza a través de la memoria y dejan patente la fuerza perdurable del amor, con la sabiduría del que sabe que para alcanzarla hay que atravesar todo lo anterior.

Es tan fácil sentirse reflejado en su poesía como entender el verso que continúa al anterior. Todos podemos vernos en cada una de las fases del amor, incluso identificarnos con una determinada. Quien esté experimentando un primer encuentro se detendrá con voracidad en los poemas iniciales y, quizá, continúe la lectura en un intento de prepararse para posibles futuros o recordar antiguos amores. Quien se halle en las profundidades de una separación descubrirá un refugio cálido en los capítulos intermedios. Al leerlos, sentirá menos soledad y podrán servirle de faro. Quien esté, en cambio, en un momento de reconstrucción, sentirá la calma dulce de los últimos poemas. Mi propuesta es que los leas todos, en el orden propuesto, y una vez leídos este libro te acompañe siempre, como un amigo conocido, para convertirse así en un aliado. Creo que es lo que Mario Benedetti quería ser para sus lectores.

Esta antología es un viaje por la experiencia del amor en todas sus formas. Para mí, como poeta y lectora, ha sido una experiencia íntima con el poeta y con el hombre que me ha dejado un poco más iluminada. Benedetti nos humaniza, nos coloca en el lado correcto. Te invito a que te sumerjas en sus poemas, disfrutes de cada fase y te dejes atravesar por cada una de las emociones que despierte en ti. Haz una lectura pausada, como si fuera un paseo por el campo. Es recomendable, también, que prestes atención a los matices, porque son los verdaderos secretos de su poesía. Mi propuesta es sencilla: deja que la voz de Benedetti guíe la experiencia y confía.

Dice Benedetti en uno de sus poemas: «No tengo ganas de escribir / pero la lluvia llueve sola». Y así, como un torrente imparable, un fenómeno ajeno a la voluntad, cae sobre sus lectores toda su poesía. Nos alcanza y nos deja totalmente calados, pero también más limpios, con algo más de luz. Quizá por eso es el poeta de la vida cotidiana: escribe sobre lo que está ahí y damos por hecho sin olvidar que estar vivos, y enamorados, es el auténtico milagro.

Elvira Sastre

El asombro

El amor es un anzuelo. O dos.

[Defensa propia, 2004]

Abrir un paréntesis en el amor siempre es peligroso, porque nunca se sabe cuándo se cierra.

[*Defensa propia*, 2004]

A vivir

Quisiera conocerme y conocerte
y calmar esta sed entre tus labios
olvidarme de todos los resabios
y jugar sin el miedo de perderte

no es cosa de aceptar la mala suerte
y llenar el vacío con agravios
lo mejor es quedarse con los sabios
lo más lejos posible de la muerte

no está de más un poco de lujuria
para alegrar las tardes de la siesta
y desarmar la próxima penuria

con tus señas de azar o con las mías
el amor tiene siempre algo de fiesta
a vivir a vivir que son dos días

[Existir todavía, 2003]

Arco iris

A veces
por supuesto
usted sonríe
y no importa lo linda
o lo fea
lo vieja
o lo joven
lo mucho
o lo poco
que usted realmente
sea

sonríe
cual si fuese
una revelación
y su sonrisa anula
todas las anteriores
caducan al instante
sus rostros como máscara

sus ojos duros
frágiles
como espejos en óvalo
su boca de morder
su mentón de capricho
sus pómulos fragantes
sus párpados
su miedo

sonríe
y usted nace
asume el mundo
mira
sin mirar
indefensa
desnuda
transparente

y a lo mejor
si la sonrisa viene
de muy
de muy adentro
usted puede llorar
sencillamente
sin desgarrarse
sin desesperarse
sin convocar la muerte
ni sentirse vacía

llorar
sólo llorar

entonces su sonrisa
si todavía existe
se vuelve un arco iris.

[Próximo prójimo, 1965]

Teoría de conjuntos

Cada cuerpo tiene
su armonía y
su desarmonía

en algunos casos
la suma de armonías
puede ser casi
empalagosa

en otros
el conjunto
de desarmonías
produce algo mejor
que la belleza.

[*Viento del exilio*, 1981]

óyeme oye
muchacha transeúnte
bésame el alma

[*Rincón de haikus*, 1999]

Nuevo canal interoceánico

Te propongo construir
un nuevo canal
sin esclusas
ni excusas
que comunique por fin
tu mirada
atlántica
con mi natural
pacífico.

[Cotidianas, 1979]

La buena tiniebla

Una mujer desnuda y en lo oscuro
genera un resplandor que da confianza
de modo que si sobreviene
un apagón o un desconsuelo
es conveniente y hasta imprescindible
tener a mano una mujer desnuda
entonces las paredes se acuarelan
el cielo raso se convierte en cielo
las telarañas vibran en su ángulo
los almanaques dominguean
y los ojos felices y felinos
miran y no se cansan de mirar

una mujer desnuda y en lo oscuro
una mujer querida o a querer
exorciza por una vez la muerte.

[Geografías, 1984]

con o sin luces
una mujer desnuda
siempre es la reina

[*Adioses y bienvenidas*, 2005]

Imán

Ser un imán qué maravilla
que no sólo atrajera a los metales
sino también a los fantasmas
a las muchachas y sus pechos
a las preguntas sin respuesta
a las miradas escabrosas
a concurridos montes de piedad
y a los montes de venus que nos tientan
a simulacros de la honra
a caracoles del verano
a hojitas tristes del otoño
a desamores clandestinos
y a los pronósticos del alba

ser un imán qué maravilla
que cautivara bocas cálidas
divanes para todo uso
abrazos dulces y porfiados
alas de fieles y de infieles
interminables soledades
y desahogo de los ríos
imán de cielo tan vacío
tan milagroso con su nada
imán que busca un corazón
y lo descuelga de su gloria

[Adioses y bienvenidas, 2005]

Ella que pasa

Paso que pasa
rostro que pasabas
qué más quieres
te miro
después me olvidaré
después y solo
solo y después
seguro que me olvido.

Paso que pasas
rostro que pasabas
qué más quieres
te quiero
te quiero sólo dos
 o tres minutos
para quererte más
no tengo tiempo.

Paso que pasas
rostro que pasabas
qué más quieres
ay no
ay no me tientes
que si nos tentamos
no nos podremos olvidar
adiós.

[Poemas del hoyporhoy, 1961]

quien oye misa
se fija en la muchacha
que reza al lado

[*Adioses y bienvenidas*, 2005]

Muchacha

Cuando pasa el vaivén de tu cintura
la calle queda absorta / deslumbrada
si desnuda te sueña la mirada
sos carne de cañón o de censura

las vidrieras reflejan tu figura
y el maniquí te envidia la fachada
tu presencia es un riesgo / todo o nada
tu encanto es integral / base y altura

el requiebro vulgar no te arrebola
parecés satisfecha con tu suerte
no te inquietan azares ni aureola

quizá porque estás lejos de la muerte /
ya que la sombra te ha dejado sola
aprovechá la luz para esconderte

[*La vida ese paréntesis*, 1998]

Táctica y estrategia

Mi táctica es
            mirarte
aprender cómo sos
quererte como sos

mi táctica es
            hablarte
y escucharte
construir con palabras
un puente indestructible

mi táctica es
quedarme en tu recuerdo
no sé cómo   ni sé
con qué pretexto
pero quedarme en vos

mi táctica es
            ser franco
y saber que sos franca
y que no nos vendamos
simulacros
para que entre los dos
no haya telón
            ni abismos
mi estrategia es
en cambio
más profunda y más
            simple

mi estrategia es
que un día cualquiera
no sé cómo   ni sé
con qué pretexto
por fin   me necesites.

[Poemas de otros, 1974]

Sirena

Tengo la convicción de que no existes
y sin embargo te oigo cada noche

te invento a veces con mi vanidad
o mi desolación o mi modorra

del infinito mar viene tu asombro
lo escucho como un salmo y pese a todo

tan convencido estoy de que no existes
que te aguardo en mi sueño para luego.

[Yesterday y mañana, 1988]

Enigmas

Todos tenemos un enigma
y como es lógico ignoramos
cuál es su clave su sigilo
rozamos los alrededores
coleccionamos los despojos
nos extraviamos en los ecos
y lo perdemos en el sueño
justo cuando iba a descifrarse

y vos también tenés el tuyo
un enigmita tan sencillo
que los postigos no lo ocultan
ni lo descartan los presagios
está en tus ojos y los cierras
está en tus manos y las quitas
está en tus pechos y los cubres
está en mi enigma y lo abandonas.

[*Despistes y franquezas*, 1990]

Bocas

¿Dónde empieza la boca?
¿en el beso?
¿en el insulto?
¿en el mordisco?
¿en el grito?
¿en el bostezo?
¿en la sonrisa?
¿en el silbo?
¿en la amenaza?
¿en el gemido?

que te quede bien claro
donde acaba tu boca
ahí empieza la mía

[Insomnios y duermevelas, 2002]

Canje

Es importante hacerlo

quiero que me relates
tu último optimismo
yo te ofrezco mi última
confianza

aunque sea un trueque
mínimo

debemos cotejarnos
estás sola
estoy solo
por algo somos prójimos

la soledad también
puede ser
          una llama.

[Contra los puentes levadizos, 1966]

quién lo diría
el amor entrañable
nace de la entraña

[*Adioses y bienvenidas*, 2005]

Instante

El instante es el cruce de dos tiempos
o el cruce de dos rumbos
o el cruce de dos vidas
un cruce en fin
y sin embargo
en un instante cabe un mundo
enorme o tan minúsculo
que acaba en un cerrar de ojos

en el instante se concentran
los sentimientos las alarmas
los vaticinios del futuro
y los sobrantes del olvido

un cruce en fin
un santiamén

[*Defensa propia*, 2004]

el mejor tramo
para enlazar amores
es el crepúsculo

[*Adioses y bienvenidas*, 2005]

No te salves

No te quedes inmóvil
al borde del camino
no congeles el júbilo
no quieras con desgana
no te salves ahora
ni nunca
          no te salves
no te llenes de calma
no reserves del mundo
sólo un rincón tranquilo
no dejes caer los párpados
pesados como juicios
no te quedes sin labios
no te duermas sin sueño
no te pienses sin sangre
no te juzgues sin tiempo

pero si
          pese a todo
no puedes evitarlo
y congelas el júbilo
y quieres con desgana
y te salvas ahora
y te llenas de calma
y reservas del mundo
sólo un rincón tranquilo
y dejas caer los párpados
pesados como juicios
y te secas sin labios

y te duermes sin sueño
y te piensas sin sangre
y te juzgas sin tiempo
y te quedas inmóvil
al borde del camino
y te salvas
                entonces
no te quedes conmigo.

[*Poemas de otros*, 1974]

Ustedes y nosotros

Ustedes cuando aman
exigen bienestar
una cama de cedro
y un colchón especial

nosotros cuando amamos
es fácil de arreglar
con sábanas qué bueno
sin sábanas da igual

ustedes cuando aman
calculan interés
y cuando se desaman
calculan otra vez

nosotros cuando amamos
es como renacer
y si nos desamamos
no la pasamos bien

ustedes cuando aman
son de otra magnitud
hay fotos chismes prensa
y el amor es un boom

nosotros cuando amamos
es un amor común
tan simple y tan sabroso
como tener salud

ustedes cuando aman
consultan el reloj
porque el tiempo que pierden
vale medio millón

nosotros cuando amamos
sin prisa y con fervor
gozamos y nos sale
barata la función

ustedes cuando aman
al analista van
él es quien dictamina
si lo hacen bien o mal

nosotros cuando amamos
sin tanta cortedad
el subconsciente piola
se pone a disfrutar

ustedes cuando aman
exigen bienestar
una cama de cedro
y un colchón especial

nosotros cuando amamos
es fácil de arreglar
con sábanas qué bueno
sin sábanas da igual

[Poemas de otros, 1974]

43

Corazón coraza

Porque te tengo y no
porque te pienso
porque la noche está de ojos abiertos
porque la noche pasa y digo amor
porque has venido a recoger tu imagen
y eres mejor que todas tus imágenes
porque eres linda desde el pie hasta el alma
porque eres buena desde el alma a mí
porque te escondes dulce en el orgullo
pequeña y dulce
corazón coraza

porque eres mía
porque no eres mía
porque te miro y muero
y peor que muero
si no te miro amor
si no te miro

porque tú siempre existes dondequiera
pero existes mejor donde te quiero
porque tu boca es sangre
y tienes frío
tengo que amarte amor
tengo que amarte
aunque esta herida duela como dos
aunque te busque y no te encuentre

y aunque
la noche pase y yo te tenga
y no.

[Noción de patria, 1963]

La ternura

cuando la lluvia
nos caza en la buhardilla
nos abrazamos

[*Adioses y bienvenidas*, 2005]

Hombre que mira a una muchacha

Para que nunca haya malentendidos
para que nada se interponga
voy a explicarte lo que mi amor convoca

tus ojos que se caen de desconcierto
y otras veces se alzan penetrantes y tibios
tienen tanta importancia que yo mismo me asombro

tus lindas manos mágicas
que te expresan a veces mejor que las palabras
tan importantes son que no oso tocarlas
y si un día las toco es solamente
para retrasmitirte ciertas claves
tu cuerpo pendular
que duda en recibirse o entregarse
y es tan joven que enseña a pesar tuyo
es un dato del cual me faltan datos
y sin embargo ayudo a conocerlo

tus labios puestos en el entusiasmo
que dibuja palabras y promete promesas
son en tu imagen para mí los héroes
y son también el ángel enemigo

en mi amor estás toda o casi toda
me faltan cifras pero las calculo
faltan indicios pero los descubro
sin embargo en mi amor hay otras cosas
por ejemplo los sueños con que muevo la tierra

la pobre lucha que libré y libramos
los buenos odios esos que ennoblecen
el diálogo constante con mi gente
la pregunta punzante que me hicieron
las respuestas veraces que no di
en mi amor hay también corajes varios
y un miedo que a menudo los resume
hay hombres como yo que miran tras las rejas
a una muchacha que podrías ser vos

en mi amor hay faena y hay descanso
sencillas recompensas y complejos castigos
hay dos o tres mujeres que forman tu prehistoria
y hay muchos años demasiados años
de inventar alegrías y creerlas
después a pie juntillas

querría que en mi amor vieras todo eso
y que vos muchachita
con paciencia y cautela
sin herirme ni herirte
rescataras de allí la luna el río
los emblemas rituales
los proyectos de besos o de adioses
el corazón que aguarda pese a todo.

[Poemas de otros, 1974]

Estado de ánimo

A veces me siento
como un águila en el aire.
(De una canción de PABLO MILANÉS)

Unas veces me siento
como pobre colina
y otras como montaña
de cumbres repetidas

unas veces me siento
como un acantilado
y en otras como un cielo
azul pero lejano

a veces uno es
manantial entre rocas
y otras veces un árbol
con las últimas hojas

pero hoy me siento apenas
como laguna insomne
con un embarcadero
ya sin embarcaciones

una laguna verde
inmóvil y paciente
conforme con sus algas
sus musgos y sus peces

sereno en mi confianza
confiado en que una tarde
te acerques y te mires
te mires al mirarte.

[*Poemas de otros*, 1974]

When you are smiling

When you are smiling
ocurre que tu sonrisa es la sobreviviente
la estela que en ti dejó el futuro
la memoria del horror y la esperanza
la huella de tus pasos en el mar
el sabor de la piel y su tristeza

when you are smiling
the whole world
que también vela por su amargura
smiles with you.

[Yesterday y mañana, 1988]

me gustaría
mirar todo de lejos
pero contigo

[*Rincón de haikus*, 1999]

Irse

Cada vez que te vayas de vos misma
no olvides que te espero
en tres o cuatro puntos cardinales

siempre habrá un sitio dondequiera
con un montón de bienvenidas
todas te reconocen desde lejos
y aprontan una fiesta tan discreta
sin cantos sin fulgor sin tamboriles
que sólo vos sabrás que es para vos

cada vez que te vayas de vos misma
procurá que tu vida no se rompa
y tu otro vos no sufra el abandono /
y por favor no olvides que te espero
con este corazón recién comprado
en la feria mejor de los domingos

cada vez que te vayas de vos misma
no destruyas la vía de regreso
volver es una forma de encontrarse
y así verás que allí también te espero

[El mundo que respiro, 2001]

Hagamos un trato

(De una canción de CARLOS PUEBLA)

Compañera
usted sabe
puede contar
conmigo
no hasta dos
o hasta diez
sino contar
conmigo
si alguna vez
advierte
que la miro a los ojos
y una veta de amor
reconoce en los míos
no alerte sus fusiles
ni piense qué delirio
a pesar de la veta
o tal vez porque existe
usted puede contar
conmigo

si otras veces
me encuentra
huraño sin motivo

no piense qué flojera
igual puede contar
conmigo

pero hagamos un trato
yo quisiera contar
con usted
es tan lindo
saber que usted existe
uno se siente vivo
y cuando digo esto
quiero decir contar
aunque sea hasta dos
aunque sea hasta cinco
no ya para que acuda
presurosa en mi auxilio
sino para saber
a ciencia cierta
que usted sabe que puede
contar conmigo.

[Poemas de otros, 1974]

Informe sobre caricias

1

La caricia es un lenguaje
si tus caricias me hablan
no quisiera que se calle

2

La caricia no es la copia
de otra caricia lejana
es una nueva versión
casi siempre mejorada

3

Es la fiesta de la piel
la caricia mientras dura
y cuando se aleja deja
sin amparo a la lujuria

4

Las caricias de los sueños
que son prodigio y encanto
adolecen de un defecto
no tienen tacto

5

Como aventura y enigma
la caricia empieza antes
de convertirse en caricia

6

Es claro que lo mejor
no es la caricia en sí misma
sino su continuación

[*Yesterday y mañana*, 1988]

cuando te beso
pienso en las noches tiernas
y en las ventosas

[Nuevo rincón de haikus, 2006]

Almohadas

Nunca me ha sido fácil
encontrar la almohada
adecuada a mis sueños
a su medida exacta

en la cabeza noche
se cruzan las fatigas
se ahondan las arrugas
de la pobre vigilia

en la cabeza noche
huyen despavoridos
los árboles los muros
los cuerpos de aluminio

yo no elijo mis sueños
es la almohada / es ella
la que los incorpora
en desorden de feria

mucho menos elijo
las pesadillas locas
esos libros del viento
sin letras y sin hojas

pero al cabo de tantas
almohadas sin cuento
sin historia y sin alas
como siempre prefiero

la de tu vientre tibio
cerca cerca cerquita
del refugio imantado
de tus pechos de vida

en todo idilio
una boca hay que besa
y otra es besada

[Rincón de haikus, 1999]

en ese instante
en que los labios besan
todo es el beso

[*Nuevo rincón de haikus*, 2006]

Abrazo

Tus brazos tan delgados
cuando abrazan abrasan
y de paso conectan
tu alma con mi alma

en ese nudo alegre
no hacen falta palabras
a lo sumo se escuchan
sutiles campanadas

quizá en el horizonte
haya flores de magia
que seguirán ocultas
para nuestras miradas

tu abrazo incita al vuelo
aunque no tenga alas
no te vayas no vueles
por favor no te vayas

[*Existir todavía*, 2003]

Ay del sueño

Ay del sueño
si sobrevivo es ya borrándome
ya desconfiado y permanente
y tantas veces me hundo y sueño
muslo a tu muslo
boca a tu boca
nunca sabré quién sos
ahora que estoy insomne
como un sagrado
y permanezco
quiero morir de siesta
muslo a tu muslo
boca a tu boca
para saber quién sos
Ay del sueño
con esta poca alma a destajo
soñar a nado tiernamente
así me llamen permanezco
muslo a tu muslo
boca a tu boca
quiero quedarme en vos.

[*Geografías*, 1984]

tus ojos tienen
no sé qué de curiosos
y de implacables

[*Nuevo rincón de haikus*, 2006]

Apenas y a penas

Pensó
        ojalá que no
pero esta vez acaso sea la última

con el deseo más tierno que otras noches
tentó las piernas de la mujer nueva
        que afortunadamente no eran de carrara
posó toda su palma sobre la hierbabuena
        y sintió que su mano agradecía
viajó moroso y sabio por el vientre
        se conmovió con valles y colinas
se demoró en el flanco y su hondonada
        que siempre era su premio bienvenido
anduvo por los pechos eligiendo al azar
        y allí se quedó un rato descifrando
con el pulgar y el índice reconoció los labios
        que afortunadamente no eran de coral
y deslizó una mano por debajo del cuello
        que afortunadamente no era de alabastro

pensó
        ojalá que no
pero puede ser la última

y si después de todo
es la última vez
entonces cómo   cómo haré mañana
de dónde sacaré la fuerza y el olvido
para tomar distancia de esta orografía

de esta comarca en paz
de esta patria ganada

      apenas y a penas
      a tiempo y a dulzura
      a ráfagas de amor.

[*Poemas de otros*, 1974]

Una pareja

Pensó él

Te acercaste otra vez como una alondra
cansada de volar / muerta de miedo
traías en los ojos tres palabras
que presumiblemente eran de amor

yo supe asimilarte despacito
y el alma abrí como una boca hambrienta
puse en tus labios besos serviciales
y en tus manos secretos de mis manos

tus piernas de mujer y de tristeza
me encandilaban como en otros tiempos
mi aspiración era de perseguirlas
y rozarlas al menos en el sueño

cuando te vas sé que estarás volviendo
en el momento más inesperado
y espero para entonces estar vivo
para pedirte amor que no te vayas

Pensó ella

Te dejé ensimismado en tu silencio
abandonado / no por mi abandono
sino por tu resaca de memorias
y por las barricadas del olvido

conmigo vas en mi costal de glorias
con frágiles adioses por las dudas
sé que siempre podré reconocerme
en tu mirada que lo dice todo

yo sé que a veces fabricamos cautas
distancias entre ambos / una lástima /
pero de a poco se van estrechando
hasta fundirnos en un solo abrazo

somos dos sombras y también dos luces
alumbrémonos de una vez por todas
y hagamos del amor una corriente
que comunique nuestras dos orillas

[Existir todavía, 2003]

no te me duermas
la noche es un silencio
lleno de estrellas

[Nuevo rincón de haikus, 2006]

Defensa propia

Cuando se ama en defensa propia
no importa que nos aceche el desamor /
si la memoria está turbada
quedémonos un rato a la intemperie
pensando en todo en todos
en los viejos añicos del tiempo
en formas maltratadas del vacío
en el indulto a nuestros desatinos

cuando se ama en defensa propia
el corazón se nos ensancha
la tristeza se arrima / mansa y tibia
cargamos con el sentimiento
como si fuera una mochila
y poco importa que los notables
nos ignoren desde su cumbre

cuando se ama en defensa propia
el alma se convierte en un imán
y si uno tiene mucho que decir
lo dice sosegado en el insomnio
todo depende del azar / decían
las tías las abuelas las maestras
mas cuando se ama en defensa propia
el azaroso azar cambia de rumbo

[Defensa propia, 2004]

Esperas

Yo no quise esperarme
mientras vos me esperabas /
si uno se espera huraño
la espera de uno mismo
es un tiempo vacío
un espejo sin nadie
la soledad más sola

yo no quise esperarme
mientras vos me esperabas /
la espera de uno mismo
es un aburrimiento
una noche azogada
sin ventanales pródigos
sin nostalgia del río

yo no quise esperarme
mientras vos me esperabas /
la espera de uno mismo
es una espera en vano
pues si uno comparece
sin pulso ni preguntas
la espera ¿a quién le sirve?

yo no quise esperarme
pero vos me esperaste
anhelante y confiada
sin quemarte en el aire

con la loca paciencia
de los que van y vuelven
y nunca desesperan

Hoy amanecimos lavados por la lluvia y nos asombró vernos tan limpios, sin odios, sin rencores, sin caca de pajaritos, sin nostalgias muertas de hambre, sin basura. Ojalá que mañana llueva torrencialmente.

[*Defensa propia*, 2004]

Lento pero viene

Lento viene el futuro
lento
          pero viene
ahora está más allá
de las nubes ramplonas
y de unas cimas ágiles
que aún no se distinguen
y más allá del trueno
y de la araña

demorándose viene
como una flor porfiada
que vigilara al sol

a lo mejor por eso
la vida cotidiana
prepara bienvenidas
cierra saldos de usura
abre memorias vírgenes

pero él
no tiene prisa
lento
          viene
por fin con su respuesta
su pan para la hambruna
sus magullados ángeles
sus fieles golondrinas

lento
pero no lánguido
ni ufano
ni aguafiestas
sencillamente
viene
con su afilada hoja
y su balanza
preguntando ante todo
por los sueños
y luego por las patrias
los recuerdos yacentes
y los recién nacidos

lento
viene el futuro
con sus lunes y marzos
con sus puños y ojeras y propuestas
lento y no obstante raudo
como una estrella pobre
sin nombre todavía

convaleciente y lento
remordido
soberbio
modestísimo
ese experto futuro que inventamos
nosotros
y el azar
cada vez más nosotros
y menos el azar.

[Cotidianas, 1979]

Lo cotidiano

Cotidiana 2

Cuando a uno lo expulsan
a patadas del sueño
el amanecer es siempre una modorra
se emerge de ese ensayo de muerte
todavía sellado por la víspera
si fue de odios   con rezagos de odio
si fue de amor   con primicias de amor

pero el día empieza a convocarnos
y es distinto de todos los demás
tiene otra lluvia otro sol otra brisa
también otras terribles confidencias

así empieza el diálogo con la jornada
la discusión el trueque de rencores
y de pronto el abrazo
porque hay días repletos de soberbia
días que traen mortales enemigos
y otros que son los compinches de siempre
días hermanos que nos marcan la vida

así ocurren sabores
sinsabores
manos que son cadenas
mujeres que son labios
ojos que son paisaje

y cuando al fin lo expulsan
a uno de la vigilia

se emerge de ese ensayo de la vida
con los ojos cerrados
y despacito
como buscando el sueño o la cruz del sur
se entra a tientas en la noche anónima.

[*Cotidianas*, 1979]

Piernas

Las piernas de la amada son fraternas
cuando se abren buscando el infinito
y apelan al futuro como un rito
que las hace más dulces y más tiernas

pero también las piernas son cavernas
donde el eco se funde con el grito
y cumplen con el viejo requisito
de buscar el amparo de otras piernas

si se separan como bienvenida
las piernas de la amada hacen historia /
mantienen sus ofrendas y enseguida

enlazan algún cuerpo en su memoria /
cuando trazan los signos de la vida
las piernas de la amada son la gloria

[La vida ese paréntesis, 1998]

Romeo de hogaño

No me sirven estos ojos para mirarte
son demasiado tímidos y miopes
habrá que adiestrarlos para que te lean
cuando sonríes desde tu neblina
o dices adiós como quien dice quédate

no me sirven estos ojos porque
        parpadean
y a ti hay que mirarte sin tregua ni
        respiro
ya que de lo contrario eliges diluirte
en suspiros presagios y distracciones
y entonces nadie sabe a dónde te
        escabulles

no me sirven estos ojos porque a
        veces
a pesar de mi oficio de nictálope
no puedo adivinarte en tu balcón
cuando asumes la pena y el fracaso
de esta boca que no llega a tu boca

no me sirven estos ojos ni esta linterna
ni aun este sencillo proyecto de lujuria
a lo mejor no estás / a lo peor no
        existes
julieta favorita de mis huesos antiguos
quimera de mi afán y mi acabose

[La vida ese paréntesis, 1998]

Todavía

No lo creo todavía
estás llegando a mi lado
y la noche es un puñado
de estrellas y de alegría

palpo gusto escucho y veo
tu rostro tu paso largo
tus manos y sin embargo
todavía no lo creo

tu regreso tiene tanto
que ver contigo y conmigo
que por cábala lo digo
y por las dudas lo canto

nadie nunca te reemplaza
y las cosas más triviales
se vuelven fundamentales
porque estás llegando a casa

sin embargo todavía
dudo de esta buena suerte
porque el cielo de tenerte
me parece fantasía

pero venís y es seguro
y venís con tu mirada
y por eso tu llegada
hace mágico el futuro

y aunque no siempre he entendido
mis culpas y mis fracasos
en cambio sé que en tus brazos
el mundo tiene sentido
y si beso la osadía
y el misterio de tus labios
no habrá dudas ni resabios
te querré más
                todavía.

[*Poemas de otros*, 1974]

Vas y venís

A Luz

De carrasco a aeroparque y viceversa
vas y venís con libros y bufandas
y encargos y propósitos y besos

tenés gusto a paisito en las mejillas
y una fe contagiosa en el augurio

vas y venís como un péndulo cuerdo
como un comisionista de esperanzas
o como una azafata voluntaria
tan habituada estás a los arribos
y a las partidas un poquito menos

quién iba a imaginar cuando empezábamos
la buena historia hace veintiocho años
que en un apartamento camarote
donde no llega el sol pero vos sí
íbamos a canjear noticia por noticia
sin impaciencia ya   como quien suma

y cuando te dormís y yo sigo leyendo
entre cuatro paredes algo ocurre
estás aquí dormida y sin embargo
me siento acompañado como nunca.

[Poemas de otros, 1974]

Intimidad

Soñamos juntos
juntos despertamos

el tiempo
mientras tanto
hace o deshace
no le importan
tu sueño
ni mi sueño

somos dóciles
torpes
destructibles

pensamos que no cae
esa gaviota

que más allá del fin
hay otra orilla
que la batalla es nuestra
o de ninguno

vivimos juntos
juntos
nos destruimos

pero la destrucción es una broma
un detalle
una ráfaga

un instante
un abrir y cerrarse
de ojos ciegos

ah nuestra intimidad
es tan inmensa
que la muerte la esconde
en su vacío.

[Poemas de otros, 1974]

V

Mucho más grave

Todas las parcelas de mi vida tienen algo tuyo
y eso en verdad no es nada extraordinario
vos lo sabés tan objetivamente como yo

sin embargo hay algo que quisiera aclararte
cuando digo todas las parcelas
no me refiero sólo a esto de ahora
a esto de esperarte y aleluya encontrarte
      y carajo perderte
      y volverte a encontrar
      y ojalá nada más

no me refiero sólo a que de pronto digas
      voy a llorar
y yo con un discreto nudo en la garganta
      bueno llorá
y que un lindo aguacero invisible nos ampare
y quizá por eso salga enseguida el sol
ni me refiero sólo a que día tras día
aumente el stock de nuestras pequeñas
      y decisivas complicidades
o que yo pueda   o creerme que puedo
      convertir mis reveses en victorias
o me hagas el tierno regalo
      de tu más reciente desesperación

no
la cosa es muchísimo más grave

cuando digo todas las parcelas
quiero decir que además de ese dulce cataclismo
también estás reescribiendo mi infancia
esa edad en que uno dice cosas adultas y solemnes
y los solemnes adultos las celebran
y vos en cambio sabés que eso no sirve
quiero decir que estás rearmando mi adolescencia
ese tiempo en que fui un viejo cargado de recelos
y vos sabés en cambio extraer de ese páramo
mi germen de alegría   y regarlo mirándolo
quiero decir que estás sacudiendo mi juventud
ese cántaro que nadie tomó nunca en sus manos
esa sombra que nadie arrimó a su sombra
y vos en cambio sabés estremecerla
hasta que empiecen a caer las hojas secas
y quede la armazón de mi verdad sin proezas

quiero decir que estás abrazando mi madurez
esta mezcla de estupor y experiencia
este extraño confín de angustia y nieve
esta bujía que ilumina la muerte
este precipicio de la pobre vida

como ves es más grave
muchísimo más grave
porque con éstas o con otras palabras
quiero decir que no sos   tan sólo
la querida muchacha que sos
sino también las espléndidas
        o cautelosas mujeres
        que quise o quiero

porque gracias a vos he descubierto
(dirás que ya era hora
                        y con razón)
que el amor es una bahía linda y generosa

que se ilumina y se oscurece
        según venga la vida

una bahía donde los barcos
        llegan y se van

llegan con pájaros y augurios
y se van con sirenas y nubarrones
una bahía linda y generosa
donde los barcos llegan
                        y se van
pero vos
por favor
        no te vayas.

[Poemas de otros, 1974]

hay una sola
aspirina del alma
y es el amor

[*Nuevo rincón de haikus*, 2006]

dame cobijo
con toda la ternura
que te he prestado

[*Rincón de haikus*, 1999]

Asamblea

En mi asamblea de ilusiones
sólo hay algunas que me importan /
el centelleo de lo pálido
y la hermosura de lo feo
las pulsaciones de la roca
y sobre todo sobre todo
tu corazón ese impasible
que yo enternezco con el mío

[*Insomnios y duermevelas*, 2002]

Traigo el mar en un dedal

La rosa de oro
no se marchita
ni tiene aroma
el cielo ajeno
que te envenena
ya no es azul

      traigo el mar en un dedal
      y tu rostro es la noticia
      mis utopías
      tienen el sello
      de tu caricia

si la memoria
no cuenta cosas
maravillosas
y si el hastío
cubre la noche
de desamor

      si amanece la verdad
      con su gallo agradecido
      mis fantasías
      inventan leyes
      contra tu olvido

si mi flojera
tiene el delirio
de ser valiente

y tu cordura
sabe mezclarse
con el placer

    traigo el mar en un dedal
    y tu rostro es mi amuleto
    con nadie hablo
    de tus perdones
    guardo el secreto

[*El olvido está lleno de memoria*, 1995]

Te quiero

Tus manos son mi caricia
mis acordes cotidianos
te quiero porque tus manos
trabajan por la justicia

si te quiero es porque sos
mi amor mi cómplice y todo
y en la calle codo a codo
somos mucho más que dos

tus ojos son mi conjuro
contra la mala jornada
te quiero por tu mirada
que mira y siembra futuro

tu boca que es tuya y mía
tu boca no se equivoca
te quiero porque tu boca
sabe gritar rebeldía

si te quiero es porque sos
mi amor mi cómplice y todo
y en la calle codo a codo
somos mucho más que dos

y por tu rostro sincero
y tu paso vagabundo
y tu llanto por el mundo
porque sos pueblo te quiero

y porque amor no es aureola
ni cándida moraleja
y porque somos pareja
que sabe que no está sola

te quiero en mi paraíso
es decir que en mi país
la gente viva feliz
aunque no tenga permiso

si te quiero es porque sos
mi amor mi cómplice y todo
y en la calle codo a codo
somos mucho más que dos

[Poemas de otros, 1974]

Asunción de ti

1

Quién hubiera creído que se hallaba
sola en el aire, oculta,
tu mirada.
Quién hubiera creído esa terrible
ocasión de nacer puesta al alcance
de mi suerte y mis ojos,
y que tú y yo iríamos, despojados
de todo bien, de todo mal, de todo,
a aherrojarnos en el mismo silencio,
a inclinarnos sobre la misma fuente
para vernos y vernos
mutuamente espiados en el fondo,
temblando desde el agua,
descubriendo, pretendiendo alcanzar
quién eras tú detrás de esa cortina,
quién era yo detrás de mí.
Y todavía no hemos visto nada.
Espero que alguien venga, inexorable,
siempre temo y espero,
y acabe por nombrarnos en un signo,
por situarnos en alguna estación
por dejarnos allí, como dos gritos
de asombro.
Pero nunca será. Tú no eres ésa,
yo no soy ése, ésos, los que fuimos
antes de ser nosotros.

Eras sí pero ahora
suenas un poco a mí.

Era sí pero ahora
vengo un poco de ti.
No demasiado, solamente un toque,
acaso un leve rasgo familiar,
pero que fuerce a todos a abarcarnos
a ti y a mí cuando no piensen solos.

[Sólo mientras tanto, 1950]

Pocas cosas

En este mundo hay tan poquitas cosas
capaces de endulzarle a uno la vida /
digamos la esperanza amanecida
o la lluvia que brilla en las baldosas

me gusta la constancia de las rosas
que nunca dan su espina por perdida
y también la tristeza repetida
de las palmas tan solas y orgullosas

pero no hay nada tan profundo y leve
como el alma y el vértigo y los labios
de esa mujer que al verla nos
    conmueve

para ser alguien entre cielo y suelo
y salvarse del odio y sus resabios
nada como el amor y su consuelo

[La vida ese paréntesis, 1998]

Como siempre

Aunque hoy cumplas
          trescientos treinta y seis meses
la matusalénica edad no se te nota cuando
en el instante en que vencen los crueles
entrás a averiguar la alegría del mundo
y mucho menos, todavía se te nota
cuando volás gaviotamente sobre las fobias
o desarbolás los nudos rencores

buena edad para cambiar estatutos y horóscopos
para que tu manantial mane amor sin miseria
para que te enfrentes al espejo que exige
y pienses que estás linda
                              y estés linda
casi no vale la pena desearte júbilos
          y lealtades
ya que te van a rodear como ángeles o veleros

es obvio y comprensible
          que las manzanas y los jazmines
y los cuidadores de autos y los ciclistas
y las hijas de los villeros
y los cachorros extraviados
y los bichitos de san antonio
y las cajas de fósforos
te consideren una de los suyos

de modo que desearte un feliz cumpleaños
podría ser injusto con tus felices
                              cumpledías

acordate de esta ley de tu vida

si hace algún tiempo fuiste desgraciada
eso también ayuda a que hoy se afirme
tu bienaventuranza

de todos modos para vos no es novedad
que el mundo
            y yo
                  te queremos de veras

pero yo siempre un poquito más que el mundo.

[Poemas de otros, 1974]

Cómplice

Todos necesitamos alguna vez un cómplice
alguien que nos ayude a usar el corazón
que nos espere ufano en los viejos desvanes
que desnude el pasado y desarme el dolor

prodigioso / sencillo / dueño de su silencio
alguien que esté en el barrio donde nacimos o
que por lo menos cargue nuestros remordimientos
hasta que la conciencia nos cuelgue su perdón

cómplice del trasmundo nos defiende del mundo
del sablazo del rayo y las llamas del sol
todos necesitamos alguna vez un cómplice
alguien que nos ayude a usar el corazón.

[Adioses y bienvenidas, 2005]

por ser secretas
las charlas del amor
son en voz baja

[*Nuevo rincón de haikus*, 2006]

Brindis (II)

Brindo por tu presencia
por tu nombre de pila
por tus revelaciones
por tu imagen de mí

brindo por los perdones
honestos y pensados
y la tarde olorosa
en que estamos los dos

brindo por la distancia
y el correo del viento
con tus certificadas
caricias de ultramar

brindo por el reencuentro
de vidas malheridas
que vuelven del exilio
con una cicatriz

brindo por la sorpresa
de la misma aventura
que hace cuarenta años
nos desaprovechó

brindo por la milonga
y el baile de san vito
por la lenta pavana
y el tango de gardel

brindo por los amores
de gatos de azotea
y por los más humanos
idilios de zaguán

brindo a pesar de todo
con cielos y sin cielo
con vino y esperanza
y ya no brindo más

[Adioses y bienvenidas, 2005]

La herida

Mengana si te vas

Mengana si te vas con el zutano
yo / tu fulano / no me mataré
simplemente los seguiré en la noche
por todos los senderos y las dunas
vos gozando tal vez y yo doliéndome
hasta que vos te duelas y yo goce
cuando las huellas a seguir no sean
dos tamañas pisadas y dos breves
sino apenas las de tus pies dulcísimos
y entonces yo aparezca a tu costado
y vos / con esa culpa que te hace
más linda todavía / te perdones
para llorar como antes en mi hombro

[*Las soledades de Babel,* 1991]

mujer lejana
si ya no te intereso
no me vigiles

[*Nuevo rincón de haikus*, 2006]

sos tan sincera /
lo que pienses de mí
no me lo digas

[*Nuevo rincón de haikus*, 2006]

2. Es tan poco

Lo que conoces
es tan poco
lo que conoces
de mí
lo que conoces
son mis nubes
son mis silencios
son mis gestos
lo que conoces
es la tristeza
de mi casa vista de afuera
son los postigos de mi tristeza
el llamador de mi tristeza.

Pero no sabes
nada
a lo sumo
piensas a veces
que es tan poco
lo que conozco
de ti
lo que conozco
o sea tus nubes
o tus silencios
o tus gestos
lo que conozco
es la tristeza
de tu casa vista de afuera

son los postigos de tu tristeza
el llamador de tu tristeza.

Pero no llamas.
Pero no llamo.

[Poemas del hoyporhoy, 1961]

¿Por qué será?

¿Por qué será que uno fabrica sus
    recuerdos
y luego los olvida?
¿por qué será que uno procede de
    algún dios
para volverse ateo?
¿por qué será que la luna tiene
una barriga blanca?
¿por qué será que cuando abro el
    ropero
las mangas me saludan?
¿y que tu boca dice ternuras
tan sólo cuando calla?
¿por qué será que un cuerpo virgen
tiene pezones de burdel?
¿por qué será que si decido
morir nadie me cree?
¿por qué será que los pájaros cantan
después de los entierros memorables?
¿por qué será que si beso tu beso
me siento renovado?
¿por qué será que me haces tanta falta?

[El mundo que respiro, 2001]

Sonata para adiós y flauta

Te vas tan sola como siempre
te echaremos de menos
yo y los abrazos de la tarde
yo y mi alma y mi cuerpo

tu larga sombra se resiste
a abandonarnos / pero
has decidido que se fuera
contigo a todo riesgo

de todos modos no querría
que enterraras tu sueño
aquel en que tu amor de nadie
era como un estreno

te vas de nuevo no sé a dónde
y tu adiós es un eco
que se prolonga y nos alude
como un último gesto

nunca guardaste la ternura
como pan para luego
estoy seguro de encontrarla
liviana entre tus pechos

te vas como paso de derrota
pero no me lo creo
siempre has vencido en tu querella
contra el odio y el miedo

quién sabe allá lo que te aguarda
ese allá tan desierto
que se quedó sin golondrinas
todo erial / todo invierno

mas si una tarde te extraviaras
entre el mar y el espejo
recuerda siempre que aquí estamos
yo y mi alma y mi cuerpo

[La vida ese paréntesis, 1998]

La culpa es de uno

Quizá fue una hecatombe de esperanzas
un derrumbe de algún modo previsto
ah pero mi tristeza sólo tuvo un sentido

todas mis intuiciones se asomaron
para verme sufrir
y por cierto me vieron

hasta aquí había hecho y rehecho
    mis trayectos contigo
hasta aquí había apostado
a inventar la verdad
pero vos encontraste la manera
    una manera tierna
    y a la vez implacable
    de desahuciar mi amor
con un solo pronóstico lo quitaste
    de los suburbios de tu vida posible
lo envolviste en nostalgias
lo cargaste por cuadras y cuadras
y despacito
sin que el aire nocturno lo advirtiera
ahí nomás lo dejaste
a solas con su suerte
    que no es mucha

creo que tenés razón
la culpa es de uno cuando no enamora
    y no de los pretextos
    ni del tiempo

hace mucho   muchísimo
que yo no me enfrentaba
como anoche al espejo
y fue implacable como vos
        mas no fue tierno

ahora estoy solo
francamente
            solo

siempre cuesta un poquito
empezar a sentirse desgraciado

antes de regresar
a mis lóbregos cuarteles de invierno

con los ojos bien secos
por si acaso

miro cómo te vas adentrando en la niebla
y empiezo a recordarte.

[Poemas de otros, 1974]

Epigrama con muro

Entre tú y yo / mengana mía / se levantaba
un muro de berlín hecho de horas desiertas
añoranzas fugaces

tú no podías verme porque montaban guardia
los rencores ajenos
yo no podía verte porque me encandilaba
el sol de tus augurios

y no obstante solía preguntarme
cómo serías en tu espera
si abrirías por ejemplo los brazos
para abrazar mi ausencia

pero el muro cayó
se fue cayendo
nadie supo qué hacer con los malentendidos
hubo quien los juntó como reliquias

y de pronto una tarde
te vi emerger por un huevo de niebla
y pasar a mi lado sin llamarme
ni tocarme ni verme
y correr al encuentro de otro rostro
rebosante de calma cotidiana

otro rostro que tal vez ignoraba
que entre tú y yo existía
había existido

un muro de berlín que al separarnos
desesperadamente nos juntaba
ese muro que ahora es sólo escombros
más escombros
y olvido

[Las soledades de Babel, 1991]

El hastío

Cuando llega el hastío es muy difícil
que lo espantemos a pura alegría
nace en cualquier recodo de los años
y está a la vuelta de cualquier esquina

lo peor del hastío es que no tiene
ningún indicio de melancolía
sólo se siente cómodo en lo incómodo
y en los insomnios que no se terminan

el hastío es la sombra del cansancio
y dura un mes y medio o cuatro días
no agita sus tristezas en el viento
y se instala en el alma desvalida

si el hastío se va sin previo aviso
uno no sabe a quién pedirle vida
pero es mejor quedarse sin hastío
en las promesas de la amanecida

[*Adioses y bienvenidas*, 2005]

es casi ley
los amores eternos
son los más breves

[*Nuevo rincón de haikus*, 2006]

Sin timbales

Es tan molesta la conciencia
con sus reproches que uno a veces
le pide un poco de clemencia

uno conoce el esperpento
que crece dentro de uno mismo
como si fuera un sentimiento

de la tristeza hasta la euforia
del atributo a lo heredado
queda un reflejo en la memoria

y uno así avanza malherido
independiente de su cuerpo
y dependiente de su olvido

y así nos vamos sin timbales
y sin apuro porque nunca
nos sedujeron los finales

[*Adioses y bienvenidas*, 2005]

Adioses

Despedirse del mar es demasiado
decirle adiós al cielo ya es más fácil
siempre hay ciertos adioses que hacen fila
esperando el llamado de la mano
la única que sabe despedirse
como lo saben todos los pañuelos

adiós al frío al hambre a la codicia
adiós a dios patrono de las guerras
adiós a los amores sin historia
bienvenido el amor casi perpetuo
analfabeto en cada despedida

adiós adiós adiós adiós estamos
siempre diciendo adiós a algo a alguien
nadie puede vivir sin sus adioses
y se obliga a cargar con ese fardo

adiós al sueño de los invencibles
al deseo que vibra en otros muslos
al faro que por fin está apagado
como una linternita de bolsillo

adiós a los campeones jubilados
a las llaves sagradas que se pierden
a los silencios de los vertederos
y a los escandalitos de la infancia

lo cierto es que de veras bien de veras
sólo existe un adiós definitivo
pero esa mole quieta y sin remedio
no es adiós a la vida / es sólo un chau

[*Adioses y bienvenidas*, 2005]

Chau número tres

Te dejo con tu vida
tu trabajo
tu gente
con tus puestas de sol
y tus amaneceres

sembrando tu confianza
te dejo junto al mundo
derrotando imposibles
segura sin seguro

te dejo frente al mar
descifrándote a solas
sin mi pregunta a ciegas
sin mi respuesta rota

te dejo sin mis dudas
pobres y malheridas
sin mis inmadureces
sin mi veteranía

pero tampoco creas
a pie juntillas todo
no creas nunca creas
este falso abandono

estaré donde menos
lo esperes
por ejemplo

en un árbol añoso
de oscuros cabeceos

estaré en un lejano
horizonte sin horas
en la huella del tacto
en tu sombra y mi sombra

estaré repartido
en cuatro o cinco pibes
de esos que vos mirás
y enseguida te siguen

y ojalá pueda estar
de tu sueño en la red
esperando tus ojos
y mirándote.

[Poemas de otros, 1974]

Rostro de vos

Tengo una soledad
tan concurrida
tan llena de nostalgias
y de rostros de vos
de adioses hace tiempo
y besos bienvenidos
de primeras de cambio
y de último vagón

tengo una soledad
tan concurrida
que puedo organizarla
como una procesión
por colores
tamaños
y promesas
por época
por tacto
y por sabor

sin un temblor de más
me abrazo a tus ausencias
que asisten y me asisten
con mi rostro de vos
estoy lleno de sombras
de noches y deseos
de risas y de alguna
maldición

mis huéspedes concurren
concurren como sueños
con sus rencores nuevos
su falta de candor
yo les pongo una escoba
tras la puerta
porque quiero estar solo
con mi rostro de vos

pero el rostro de vos
mira a otra parte
con sus ojos de amor
que ya no aman

como víveres
que buscan a su hambre
miran y miran
y apagan mi jornada

las paredes se van
queda la noche
las nostalgias se van
no queda nada

ya mi rostro de vos
cierra los ojos

y es una soledad
tan desolada.

[Poemas de otros, 1974]

Tu fábula y mi fábula

El silencio está inmóvil
y en el cristal de niebla
los dedos del invierno
dibujan iniciales

el silencio se mueve
y un cansancio arenoso
te pone en la frontera
de la melancolía

el silencio se abre
a imagen de los sueños
o del fulgor poniente
o de la breve infancia

el silencio se cierra
y al fin se quedan solas
tu fábula y mi fábula
sin amor ni rocío

[*Las soledades de Babel*, 1991]

Adioses

Siempre me entristecieron los adioses
así fueran de santos o de crápulas
alguna vez yo los abandonaba
otras veces me abandonaban ellos

en pleno corazón tengo un catálogo
de los que allí pasaron una noche
de los que hicieron cola de aburridos
de los que en el amor se conmovieron

las despedidas saben a burbujas
que apenas duran / sólo las usamos
como una desazón efervescente
que emigra con los pájaros que emigran

qué pena / de las manos que he adiestrado
sólo una sabe decir adiós
y me presta su ayuda si me alejo
de tus ojos tus pechos y tus labios

[*Insomnios y duermevelas*, 2002]

Nostalgia

¿De qué se nutre la nostalgia?
Uno evoca dulzuras
cielos atormentados
tormentas celestiales
escándalos sin ruido
paciencias estiradas
árboles en el viento
oprobios prescindibles
bellezas del mercado
cánticos y alborotos
lloviznas como pena
escopetas de sueño
perdones bien ganados

pero con esos mínimos
no se arma la nostalgia
son meros simulacros

la válida la única
nostalgia es de tu piel

[La vida ese paréntesis, 1998]

Hombre que mira a través de la niebla

Me cuesta como nunca
        nombrar los árboles y las ventanas
        y también el futuro y el dolor
el campanario está invisible y mudo
        pero si se expresara
        sus tañidos
        serían de un fantasma melancólico

la esquina pierde su ángulo filoso
nadie diría que la crueldad existe

la sangre mártir es apenas
        una pálida mancha de rencor
cómo cambian las cosas
        en la niebla
los voraces no son
        más que pobres seguros de sí mismos
los sádicos son colmos de ironía
los soberbios son proas
        de algún coraje ajeno
los humildes en cambio no se ven

pero yo sé quién es quién
        detrás de ese telón de incertidumbre
sé dónde está el abismo
        sé dónde no está dios
sé dónde está la muerte
        sé dónde no estás tú

la niebla no es olvido
        sino postergación anticipada

ojalá que la espera
        no desgaste mis sueños
ojalá que la niebla
        no llegue a mis pulmones
y que vos muchachita
        emerjas de ella
como un lindo recuerdo
        que se convierte en rostro

y yo sepa por fin
        que dejas para siempre
        la espesura de ese aire maldito
cuando tus ojos encuentren y celebren
        mi bienvenida que no tiene pausas.

[Poemas de otros, 1974]

Cada noche

Cada noche es una noche
distinta de las demás
uno se duerme y sin más
del sueño emerge el reproche
cada noche es un derroche
de goce o de desconsuelo
se vuela en absurdo vuelo
pero si soñando a tientas
uno empieza a sacar cuentas
allí comienza el desvelo

[*Yesterday y mañana*, 1988]

Adioses

Hay muchas formas
de despedirse
dando la mano
dando la espalda
nombrando fechas
con voz de olvido
pensando en nunca
moviendo un ramo
ya deshojado

por suerte a veces
queda un abrazo
dos utopías
medio consuelo
una confianza
que sobrevive
y entonces triste
el adiós dice
que ojalá vuelvas

[*Defensa propia*, 2004]

no hay sufrimiento
más doloroso y largo
que la esperanza

[*Adioses y bienvenidas*, 2005]

Espejos

Todas las servidumbres
del espejo son falsas
todas nos encandilan

el mar no tiene espejos
vive solo en sus sales
en su agüero portátil

la luna lejanísima
tiene brillos de espejo
y también de lujuria

jamás olvidaré
que esto es el sur espejo
un país de gaviotas

la gaviota se acerca
al mar como a un espejo
y al hallarse se espanta

nadie refleja nada
nadie tiene paciencia
para saberse otro

cuando me veo triste
con los pelos revueltos
sé que yo no soy ése

y si sonrío pienso
en un amor que al irse
me ha dejado tan serio

los espejos se rompen
para que se nos rompa
también la vanidad

[El mundo que respiro, 2001]

La hazaña

Después de todo es fácil recordar
basta con arrimarse al horizonte
basta con bostezar en plena euforia
alcanza con entrar en la agonía

es fácil recordar
se abren las manos
y se cierran
y en el puño vacío
está el juguete
están la cruz o el seno
que se desentendieron del presente
que quedaron atrás
que todavía

es fácil
basta con decir un nombre
basta con desandar cierta tristeza
alcanza con quebrar el odio ajeno

la gran proeza
la mejor hazaña
de la memoria
                es olvidarlo todo.

[Contra los puentes levadizos, 1966]

La ausencia

Crudo invierno

Debajo de la nieve que me cubre
están mi manta y mi capote
debajo de ese amparo
mi protección de lana
y abajo más abajo
está al fin mi pellejo

debajo de la nieve que te cubre
están tu capa y tu zamarra
debajo de ese amparo
tu protección de lana
y abajo más abajo
está por fin tu cuerpo

lejanos y contiguos como siempre
tu cuerpo está tan lejos
de mi cuerpo
que mi tacto y tu tacto
cada uno en su cepo
han perdido el recuerdo
de tu tacto y mi tacto

[Insomnios y duermevelas, 2002]

esa memoria
y estos olvidos juegan
a la escondida

[*Adioses y bienvenidas*, 2005]

Credo

De pronto uno se aleja
        de las imágenes queridas
amiga
quedás frágil en el horizonte
te he dejado pensando en muchas cosas
pero ojalá pienses un poco en mí

vos sabés
en esta excursión a la muerte
        que es la vida
me siento bien acompañado
me siento casi con respuestas
cuando puedo imaginar que allá lejos
quizá creas en mi credo antes de dormirte
o te cruces conmigo en los pasillos del sueño

está de más decirte que a esta altura
no creo en predicadores ni en generales
ni en las nalgas de miss universo
ni en el arrepentimiento de los verdugos
ni en el catecismo del confort
ni en el flaco perdón de dios

a esta altura del partido
creo en los ojos y las manos del pueblo
en general
y en tus ojos y tus manos
en particular.

[*Poemas de otros*, 1974]

IV Viceversa

Tengo miedo de verte
necesidad de verte
esperanza de verte
desazones de verte

tengo ganas de hallarte
preocupación de hallarte
certidumbre de hallarte
pobres dudas de hallarte

tengo urgencia de oírte
alegría de oírte
buena suerte de oírte
y temores de oírte

o sea
resumiendo
estoy jodido
       y radiante
quizá más lo primero
que lo segundo
y también
      viceversa.

[Poemas de otros, 1974]

Amor, de tarde

Es una lástima que no estés conmigo
cuando miro el reloj y son las cuatro
y acabo la planilla y pienso diez minutos
y estiro las piernas como todas las tardes
y hago así con los hombros para aflojar la espalda
y me doblo los dedos y les saco mentiras.

Es una lástima que no estés conmigo
cuando miro el reloj y son las cinco
y soy una manija que calcula intereses
o dos manos que saltan sobre cuarenta teclas
o un oído que escucha cómo ladra el teléfono
o un tipo que hace números y les saca verdades.

Es una lástima que no estés conmigo
cuando miro el reloj y son las seis.
Podrías acercarte de sorpresa
y decirme «¿Qué tal?» y quedaríamos
yo con la mancha roja de tus labios
tú con el tizne azul de mi carbónico.

[Poemas de la oficina, 1956]

Balada del mal genio

Hay días en que siento una desgana
de mí, de ti, de todo lo que insiste en creerse
y me hallo solidariamente cretino
apto para que en mí vacilen los rencores
y nada me parezca un aceptable augurio.

Días en que abro el diario con el corazón en la boca
como si aguardara de veras que mi nombre
fuera a aparecer en los avisos fúnebres
seguido de la nómina de parientes y amigos
y de todo el indócil personal a mis órdenes.

Hay días que ni siquiera son oscuros
días en que pierdo el rastro de mi pena
y resuelvo las palabras cruzadas
con una rabia hecha para otra ocasión
digamos, por ejemplo, para noches de insomnio.

Días en que uno sabe que hace mucho era bueno
bah tal vez no hace tanto que salía la luna
limpia como después de un jabón perfumado
y aquello sí era auténtica melancolía
y no este malsano, dulce aburrimiento.

Bueno, esta balada sólo es para avisarte
que en esos pocos días no me tomes en cuenta.

[Poemas del hoyporhoy, 1961]

Paisaje

Este paisaje es casi una mujer

si se mira con buena voluntad
figura un matorral o cabeza en desorden
dos suaves promontorios que son pechos en calma
hay la verde hondonada con su ombligo de sombra
el musgo hospitalario cubre un sexo furtivo
y poniendo otro poco de buena voluntad
dos sistemas de rocas abiertos como piernas

es toda una metáfora envolvente
de la naturaleza inesperada

en el paisaje que es mujer
echo de menos sin embargo
a una mujer que no es paisaje

[*Despistes y franquezas*, 1990]

en este álbum
hay fotos de nosotros
cuando vivíamos

[*Nuevo rincón de haikus*, 2006]

Desmitifiquemos la Vía Láctea

Tampoco hay que hacer un mito de la vía láctea
faja blanquecina dice el antiago
debida a multitud innumerable (sic) de estrellas

después de todo es un techo interior
todo lo vistoso que se quiera
aunque en definitiva un poco empalagoso

hay quienes la llaman camino de santiago
y los que miran fanáticamente el asfalto
ni siquiera se han enterado de que existe

a veces parece una burda imitación
de un planetario de provincia
quizá sea una merced del hemisferio austral
pero a esta altura no vamos a estimular mercedes

además si uno mira con detenimiento
puede llegar a sentir vértigo o tortícolis
o un deseo inexplicable de levantar vuelo

no hay que hacer un mito de la vía láctea

ahora bien
ya que la he desmitificado a fondo
¿puedo volver a echarla de menos?

[Cotidianas, 1979]

en el pretérito
pluscuamperfecto queda
lo que no fuimos

[*Nuevo rincón de haikus*, 2006]

Cotidiana 4

En esta cotidiana me falta el otoño
        con su instalada transparencia
aquel sol amarillo que rodeaba los pinos
        y hacía prestigiosa su inmovilidad
un cierto aroma a avenidas copadas
        por hojas secas y puestos de uva
y también a muchachas que exhumaban sus prendas
        de lana y naftalina

me falta el magro invierno
        con su desorden y su austeridad
las ráfagas de lluvia casi horizontales
        que humedecen los tímpanos
o las mañanas con el chispeante viento
        de la costa ceniza
que encrespa las hilachas y las tentaciones
        y desmantela la inocencia

la primavera echo de menos
        con sus nacientes telones verdes
el desenlace de la hipocondría
        y el comienzo de la calle de todos
el paisaje que se creyó olvidado
        y que de pronto va emergiendo del mar
y esa luz extraña que se instala en los patios
        junto a la madreselva y en el corazón

ahora tengo un verano de doce meses
        digamos seis de lluvia y seis de seca

con un sol blanco que todo lo germina
          la revolución y viceversa
y el calor viene desde el pasado
          y sin tomarse ni un respiro
se proyecta hacia el porvenir

pero así y todo echo de menos
          mi pleno estío de tres meses
no es lo mismo el calor tras el calor
          que el calor que viene después del frío
de ahí que rescate las olas necesarias
          para abrazar las rocas de aquella siesta
y la gaviota que me daba un aviso

que entonces no entendí y que seguramente
          me hubiera convenido entender.

[Cotidianas, 1979]

con estas lágrimas
se forman los arroyos
más transparentes

[*Adioses y bienvenidas*, 2005]

Hombre de mala voluntad

Cuando volvés a la tarde como a un oasis
y tu mujer te espera linda y ávida
y cree en la provincia de tu silencio
que hace tiempo vendiste al enemigo

cuando volvés de tarde como un padre mágico
y el gurí te salpica de inocencia
y te mira como mira un gorrión a ese cielo
del que hace tiempo te descolgaste

cuando te arrellanás en la dulzura
y la seguridad te envuelve como un aliento
y ves en las ventanas el otoño
esa reflexiva estación de lealtades

cuando una paz tan expugnable
trata de instalarse nada menos que en vos
y te das cuenta de que algo no marcha
porque ya no sabés qué hacer con ella

cuando el calorcito del hogar te acepta
y tu vieja entorna los ojos para oír
eine kleine nachtmusik o la última cruda
o los cierra con modorra octogenaria

cuando toda la jornada se resume
en la gran disculpa que te enceniza
y preferís no abrir el diario de la noche
porque sabés todo lo que se calla
cuando metés el índice en el vaso de bohemia

para mover el hielo en el old smuggler
y el frío te sube de la yema al corazón
y después te baja del cuore a las tripas
cuando tu hijo diga buenas noches
y te bese el mentón y se pinche
y comprendas que sos para él
más o menos la bienaventuranza
cuando tu madre diga buenas noches
y se retire con tu infancia a cuestas
y la veas moverse paso a paso
como si no pudiera con la carga

cuando tu mujer diga buenas noches
y no vaya a dormir sino a esperarte
bajo las sábanas almidonadas
que cambió en tu homenaje

cuando todos te dejen en el living
a solas con tu húmedo bigote
y la mirada opaca como nunca
y el tocadiscos que se detiene solo

mejor lo pasarías si no tuvieras
en la retina y en los tímpanos
el rostro el puño el alarido
del muchachito de ojos claros
de mejillas pecosas
de bien marcado costillar
de rodillas casi puntiagudas
de piernas que saltaban como peces

cuánto mejor lo pasarías
si la memoria no fuese tan cabrona
como para mostrarte y volverte a mostrar
aquella desnudez indoblegable

y sobre todo aquellos ojos clarísimos
que te miraban como no creyendo
que vos el de corbata fueras
tan sólo una palanca de patíbulo

cuánto mejor lo estarías pasando
si te olvidaras para siempre
de ese recuerdo tan fresquito
tan acabado de nacer

tan intacto que es como si vieras
la boca que llegaba hasta el mismísimo
borde de la derrota y se mordía
y empezaba a morirse de victoria

cómo será la cosa que no te odiamos
fijate vos cómo será la cosa
que no te hacemos ese amargo honor
hombre de mala voluntad pobre hombre

quizá te alcance con que los ojos
de tu botija macanudo y frágil
mañana o pasadomañana te miren
porque estas cosas siempre se propagan

o el mes que viene o el año próximo
te miren esos ojos como no creyendo
claros también y no creyendo pero
ya no será mirada de gorrión

ojos claros te miren como no creyendo
pero creyendo al fin y al cabo
no con mirada de gorrión
pero creyendo al fin y al cabo

entonces pobre hombre de mala voluntad
ni siquiera juntando todo el odio
que quede disponible en el mercado
ninguno de nosotros podrá odiarte

como vos mismo te odiarás.

[*La casa y el ladrillo*, 1977]

ayer y ayer
en el pozo de ayeres
está el pasado

[*Adioses y bienvenidas*, 2005]

Luna congelada

Con esta soledad
alevosa
tranquila

con esta soledad
de sagradas goteras
de lejanos aullidos
de monstruoso silencio
de recuerdos al firme
de luna congelada
de noche para otros
de ojos bien abiertos
con esta soledad
inservible
vacía

se puede algunas veces
entender
el amor.

[Contra los puentes levadizos, 1966]

para qué sirve
pensar en lo que fuimos
si ya no somos

[*Nuevo rincón de haikus,* 2006]

el duro olvido
siempre está listo para
matar recuerdos

[*Nuevo rincón de haikus*, 2006]

La otra copa del brindis

Al principio ella fue una serena conflagración
un rostro que no fingía ni siquiera su belleza
unas manos que de a poco inventaban un lenguaje
una piel memorable y convicta
una mirada limpia   sin traiciones
una voz que caldeaba la risa
unos labios nupciales
un brindis

es increíble pero a pesar de todo
él tuvo tiempo para decirse
qué sencillo   y también
no importa que el futuro
          sea una oscura maleza

la manera tan poco suntuaria
que escogieron sus mutuas tentaciones
fue un estupor alegre
sin culpa ni disculpa

él se sintió optimista
                    nutrido
                          renovado
tan lejos del sollozo y la nostalgia
tan cómodo en su sangre y en la de ella
tan vivo sobre el vértice de musgo
tan hallado en la espera
que después del amor salió a la noche
sin luna y no importaba

sin gente y no importaba
sin dios y no importaba
a desmontar la anécdota
a comprender la euforia
a recoger su parte del botín

mas su mitad de amor
                    se negó a ser mitad
y de pronto él sintió
que sin ella sus brazos estaban tan vacíos
que sin ella sus ojos no tenían qué mirar
que sin ella su cuerpo de ningún modo era
la otra copa del brindis

y de nuevo se dijo
qué sencillo
            pero ahora
lamentó que el futuro fuera oscura maleza
sólo entonces pensó en ella
                    eligiéndola
y sin dolor   sin desesperaciones
sin angustia y sin miedo
dócilmente empezó
            como otras noches
                    a necesitarla.

[*Poemas de otros*, 1974]

Soledades

Ellos tienen razón
esa felicidad
al menos con mayúscula
                        no existe
ah pero si existiera con minúscula
sería semejante a nuestra breve
                        presoledad

después de la alegría viene la soledad
después de la plenitud viene la soledad
después del amor viene la soledad

ya sé que es una pobre deformación
pero lo cierto es que en ese durable minuto
uno se siente
                solo en el mundo
sin asideros
sin pretextos
sin abrazos
sin rencores
sin las cosas que unen o separan
y en esa sola manera de estar solo
ni siquiera uno se apiada de uno mismo
los datos objetivos son como sigue

hay diez centímetros de silencio
        entre tus manos y mis manos
una frontera de palabras no dichas
        entre tus labios y mis labios

y algo que brilla así de triste
        entre tus ojos y mis ojos

claro que la soledad no viene sola

si se mira por sobre el hombro mustio
de nuestras soledades
se verá un largo y compacto imposible
un sencillo respeto por terceros o cuartos
ese percance de ser buenagente

después de la alegría
después de la plenitud
después del amor
                viene la soledad

conforme
        pero
qué vendrá después
de la soledad

a veces no me siento
                tan solo
si imagino
mejor dicho si sé
que más allá de mi soledad
                y de la tuya
otra vez estás vos
aunque sea preguntándote a solas
qué vendrá después
                de la soledad.

[Poemas de otros, 1974]

Asunción de ti

3

Puedes querer el alba
cuando ames.
Puedes
venir a reclamarte como eras.
He conservado intacto tu paisaje.
Lo dejaré en tus manos
cuando éstas lleguen, como siempre,
anunciándote.
Puedes
venir a reclamarte como eras.
Aunque ya no seas tú.
Aunque mi voz te espera
sola en su azar
quemando
y tu sueño sea eso y mucho más.
Puedes amar el alba
cuando quieras.
Mi soledad ha aprendido a ostentarte.
Esta noche, otra noche
tú estarás
y volverá a gemir el tiempo giratorio
y los labios dirán
esta paz ahora esta paz ahora.
Ahora puedes venir a reclamarte,
penetrar en tus sábanas de alegre angustia,
reconocer tu tibio corazón sin excusas,
los cuadros persuadidos,

saberte aquí.
Habrá para vivir cualquier huida
y el momento de la espuma y el sol
que aquí permanecieron.
Habrá para aprender otra piedad
y el momento del sueño y el amor
que aquí permanecieron.
Esta noche, otra noche
tú estarás,
tibia estarás al alcance de mis ojos,
lejos ya de la ausencia que no nos pertenece.
He conservado intacto tu paisaje
pero no sé hasta dónde está intacto sin ti,
sin que tú le prometas horizontes de niebla,
sin que tú le reclames su ventana de arena.
Puedes querer el alba cuando ames.
Debes venir a reclamarte como eras.
Aunque ya no seas tú,
aunque contigo traigas
dolor y otros milagros.
Aunque seas otro rostro
de tu cielo hacia mí.

[Sólo mientras tanto, 1950]

La resistencia

Nocturno

Si la noche se vuelve tenebrosa
cierro mis viejos ojos remendados
ya me sirven de poco / están cansados
de mirar con mirada nebulosa

en cambio si se vuelve milagrosa
heredera de cielos despejados
los ojos se me abren asombrados
y no puedo pensar en otra cosa

la noche del amor es un escudo
que defiende del pasmo y la sorpresa
su mejor contraseña es el desnudo

la noche es juvenil cuando se besa
y si el tacto del cuerpo es más agudo
la belleza en lo oscuro es más belleza

[Adioses y bienvenidas, 2005]

Esa batalla

¿Cómo compaginar
la aniquiladora
idea de la muerte
con este incontenible
afán de vida?

¿cómo acoplar el horror
ante la nada que vendrá
con la invasora alegría
del amor provisional
y verdadero?

¿cómo desactivar la lápida
con el sembradío?
¿la guadaña
con el clavel?

¿será que el hombre es eso?
¿esa batalla?

[*Cotidianas*, 1979]

Saberse

1

Uno no sabe quién es
cercano o a la distancia
hasta que en la vieja infancia
le dan el primer revés /
¿es proletario o burgués?
sin apelar a un conjuro
con paciencia y sin apuro
debilucho o resistente
suele aceptar inocente
las promesas de futuro

2

Pero el futuro añadido
quién sabe en qué circunstancia
aunque lejos de la infancia
nadie lo da por perdido /
siempre lo acosa el olvido
y en una noche cualquiera
recatada o farolera
el futuro encandilado
se convierte en un pasado
que no tiene primavera

3

Por eso es bueno / si existe /
cuidar el presente clave
y dentro de lo que cabe
aprender en qué consiste
no vale sentirse triste
y que en forma paulatina
se nos vuelva una rutina /
mejor no fruncir el ceño
escoger la vida es sueño
y el amor / esa propina

[*Adioses y bienvenidas*, 2005]

quisiera verte
en vigilia o en sueños
o dondequiera

[*Rincón de haikus*, 1999]

Ovillos

Mientras devano la memoria
forma un ovillo la nostalgia

si la nostalgia desovillo
se irá ovillando la esperanza

siempre es el mismo hilo

[*Las soledades de Babel*, 1991]

Peros

Las circunstancias / tiempo en carne
      viva /
ponen a nuestro alcance pena y goces
pero
más de una vez nos llevan a remolque

amor es más que un juego o un diluvio
es el cuerpo y el alma a la intemperie
pero
si se va la lujuria ya no vuelve

el trabajo es un bálsamo / un compás /
gracias a él lidiamos con las horas
pero
hay un ocio final que no perdona

la vida puede ser un vendaval
que sacude mis sueños y tus duendes
pero
la vida tiene obligación de muerte

[La vida ese paréntesis, 1998]

Muertecita

No es obligatorio tener causa suicida
pero a veces se añora un poquito de muerte
por ejemplo cuando la soledad
se corresponde con un pobre olvido
o comprendemos de una vez por todas
que no hay recetas para el desamor
menos aún para el desbarajuste
de un corazón conmocionado y frágil

un poquito de muerte es la tristeza

deja su seña en la melancolía
coloca pálidas en la memoria
y soporta el diagnóstico del búho

otra poquita muerte es el fuego apagado
después que hemos gozado la vida de sus llamas
y el rechazo porfiado de todas las disculpas
y la araucaria rota por el rayo

no hay plurales de miedo / tan sólo un singular
ese único pánico llegando de lo oscuro
o la pasión sin meta / sin aire ni desaire

esa muerte minúscula tiene su sello propio
una marca de vida que es la nuestra
y así prospera hasta que comparece
la otra muerte / la grande / la de todos

[*Adioses y bienvenidas*, 2005]

Melancolías

Como es sabido la melancolía
no es sinónimo de soledad
aunque una y otra lleguen
con un llanto sequísimo
una ternura en trozos
una tristeza que no tiene nombre

con la melancolía no se juega
sobre todo si sube desde los huesos
y se abre temblorosa y delirante

hay una melancolía que se engancha a
     la vida
y otra melancolía que se asoma a la
       muerte

pero los melancólicos no son
     candorosos
conocen por lo general de qué se trata
la asumen como una fiebre recurrente
como una propensión a la dulzura
o un modo inédito de respirar

normalmente
la soledad y la melancolía
tienen vergüenza de mostrarse
sólo el amor les infunde coraje
y las convierte en pájaros de fuego

[El mundo que respiro, 2001]

Memorándum

A lo mejor te olvidas de tu río
de las gaviotas que lo vigilaban
de la barcaza con sus tres viajeros
con dos guitarras y una vieja gaita

el agua era el espejo de los pinos
sus hojas aprendían a nadar
y una que otra mojarra las guiaba
hacia el río más ancho o hacia el mar

a lo mejor descuidas la floresta
con algún zorro astuto como pocos
y dos lechuzas cariacontecidas
que vigilan sin ver o viendo todo

con el viento llegaban los mensajes
y con el viento se les contestaba
cada arbusto tenía una sorpresa
cada pozo de fango era una trampa

acaso te olvidaste de la luna
con su pálido rostro de la noche
y truenos que ululaban a lo lejos
como profetas o como tambores

la vida está pasando / no la olvides
vida olvidada es seña de la muerte
por suerte te asumieron las vigilias
y esta memoria es todo lo que tienes

[Defensa propia, 2004]

Enamorarse y no

Cuando uno se enamora las cuadrillas
del tiempo hacen escala en el olvido
la desdicha se llena de milagros
el miedo se convierte en osadía
y la muerte no sale de su cueva

enamorarse es un presagio gratis
una ventana abierta al árbol nuevo
una proeza de los sentimientos
una bonanza casi insoportable
y un ejercicio contra el infortunio

por el contrario desenamorarse
es ver el cuerpo como es y no
como la otra mirada lo inventaba
es regresar más pobre al viejo enigma
y dar con la tristeza en el espejo

[*La vida ese paréntesis*, 1998]

Sobre cartas de amor

Una carta de amor
no es un naipe de amor

una carta de amor tampoco es una carta
pastoral o de crédito / de pago o
        fletamento

en cambio se asemeja a una carta de
        amparo
ya que si la alegría o la tristeza
se animan a escribir una carta de amor
es porque en las entrañas de la noche
se abren la euforia o la congoja
las cenizas se olvidan de su hoguera
o la culpa se asila en su pasado

una carta de amor
es por lo general un pobre afluente
de un río caudaloso
y nunca está a la altura del paisaje
ni de los ojos que miraron verdes
ni de los labios dulces
que besaron temblando o no besaron
ni del cielo que a veces se desploma
en trombas en escarnio o en granizo

una carta de amor puede enviarse
desde un altozano o desde una
        mazmorra
desde la exaltación o desde el duelo

pero no hay caso / siempre
será tan sólo un calco
una copia frugal del sentimiento

una carta de amor no es el amor
sino un informe de la ausencia

[*La vida ese paréntesis*, 1998]

El amor es un centro

Una esperanza un huerto un páramo
una migaja entre dos hambres
el amor es un campo minado
un jubileo de la sangre

cáliz y musgo / cruz y sésamo
pobre bisagra entre voraces
el amor es un sueño abierto
un centro con pocas filiales

un todo al borde de la nada
fogata que será ceniza
el amor es una palabra
un pedacito de utopía

es todo eso y mucho menos
y mucho más / es una isla
una borrasca / un lago quieto
sintetizando yo diría

que el amor es una alcachofa
que va perdiendo sus enigmas
hasta que queda una zozobra
una esperanza un fantasmita

[*El olvido está lleno de memoria*, 1995]

De nuevo

Me gustaría nacer de nuevo
tener conciencia de la sed primera
inaugurar el hambre desvalida
reconocer mis manos y mis puños
que el sol caníbal no me encandilara
y la luna durmiera entre mis párpados

me gustaría descubrir el mundo
imaginar que todos somos buenos
que aquí y allá me esperan los abrazos
y alguien me va a enseñar a caminar
con pasos vacilantes y brevísimos
porque cada baldosa es un abismo

tiempo después ya no me gustaría
sentir la realidad en mi mochila
saber que el dios que estaba en los altares
se ocupa solamente de las guerras
que no vale la fe sino el mercado
y en la Bolsa los fraudes se cotizan

la memoria se mueve en la espesura
o en una jaula de quimeras / loca
cualquier analfabeto de recuerdos
sabe que no hay futuros a la vista
y las palabras de la madrugada
saltan sobre las vallas del olvido

el amor viene y va / viene de nuevo
es el único atajo que conduce

a la pureza o a la ingenuidad
a la inocencia o a la hechicería
cada cuerpo es el signo de otro cuerpo
no hay sortilegio que los sobreviva

y así se escurre el tiempo / sin escalas
lo sentimos pasar como un escándalo
escándalo que a veces es silencio
siembra sus prologuitos de la muerte
y de otras sombras que ya nadie nombra
y si las nombra nadie las captura

morir de viejo tiene sus ventajas
aunque nacer de nuevo es más alegre

[*Adioses y bienvenidas*, 2005]

Más acá del horizonte

Más acá está la siembra / están los
        sueños
una infinita colección de rostros
la liturgia del mar y sus arenas
están los fuegos y está la ceniza
las inauguraciones y los ritos
las redes de la vida y la sencilla
la incorruptible muerte / la de todos

el horizonte / borde espurio y flaco
frontera del futuro / nada en cierne
es un enigma manso / tan hipócrita
que no asume su rango en el espacio
el horizonte es filo inofensivo
y sin embargo hiere desde lejos

las gaviotas lo asumen lo acompañan
y la noche lo cubre como puede
pero su línea nos persigue inmóvil
en la vigilia y en la duermevela

más acá está tu vientre tu espesura
la corteza del árbol que olvidaste
el espasmo imprevisto de los celos

las rondas de tu sangre / tus indultos
tus muertos y los míos / la campana
que se queja doliente en su clausura /
tu estilo de vivir o de apagarte

más acá estoy yo mismo / fanal tenue
que no ilumina ni desvela a nadie
escaso de propuestas y de súplicas
con mi cuerpo vulgar siempre a la
      espera
de tu cuerpo leal / ese desnudo

más acá estoy yo mismo / confundido
como un crédulo espejo sobre el agua
y no reflejo olas sino antorchas
que inventé como un juego y ya no
      invento

el horizonte mientras tanto vive
de su salitre y sus amaneceres
la ojeada del alba lo despierta
lo introduce flamante en el mercado
de luces de tinieblas y de sombras

el horizonte cesa cuando llueve
velado tras un llanto que no es suyo
o simplemente cuando tu mirada
deja de vislumbrarlo enceguecida

el tiempo en cambio no se esconde /
      ocurre /
nos deja turbios y turbados / pobres /

desengañados de estas y otras ferias
de otros huecos de dios y otras visiones

la verdad es que todo lo que amamos
todo lo que nos duele y lo que somos
existe más acá del horizonte

[La vida ese paréntesis, 1998]

194

Otro exilio

La muerte es el exilio de la vida /
desde ese lejos tan inapelable
se ve a la vida como patria única /
eso al menos cuentan los que renacen
pero suelen ser algo exagerados /
los que aquí estamos entre cielo y suelo
sabemos que hay abismos y altozanos
arroyos que transcurren y no vuelven /
por una hendija salen las ideas
y por otra penetra el pobre mundo

no obstante no queremos ese exilio
porque de muerte lo ignoramos todo
es mejor aferrarse a lo que somos
con pequeños calvarios y dilemas
y brisas que nos soplan en la nuca /
la vida es la condena pero es vida
y es dulce hallar que el corazón nos late
que las manos encuentran otras manos
que las bocas se unen a otras bocas
y que el cuerpo penetra en otro cuerpo

en la muerte no hay pájaros ni dioses
ni racimos de amor y providencia

bah / si quiere apostar por la memoria
cambiemos su rutina y por las dudas
dejémosla en la luna del olvido

[*Adioses y bienvenidas*, 2005]

Soneto de amparo

No hay frontera del sur tan insalvable
como la que arde en el amor de veras
allí no valen bálsamos ni esperas
ni sirve el prominente más estable

puede el amor ser tibio o insaciable
de todos modos cuida sus fronteras
y gracias a sus cándidas maneras
no hay línea divisoria vulnerable

en el amor se estrella la patraña
más dúctil o más dura y sin sentido
pero no puede culminar la hazaña

quizá porque el amor ha construido
con paciencia y fervor su telaraña
donde el odio que cae está perdido

[*Defensa propia*, 2004]

Interview

No es ninguna molestia
explicarle qué pienso
del infinito
el infinito es
sencillamente
un agrio viento frío
que eriza las mucosas
la piel
y las metáforas
le pone a uno en los ojos
lágrimas de rutina
y en la garganta un nudo
de sortilegio
seguramente usted ya se dio cuenta
en el fondo no creo
que exista el infinito.

Bueno sobre política
jesús
sobre política
mi bisabuelo que era liberal
espiaba a las criadas en el baño
mi abuelo el reaccionario
extraviaba las llaves de sus deudas
mi padre el comunista
compraba hectáreas con un gesto de asco
yo soy poeta
señores:
y usted debe saber que los poetas

vivimos a la vuelta de este mundo
claro que usted quizá no tenga tiempo
para tener paciencia
pero debe conocer que en el fondo
yo no creo en la política.

Por supuesto el estilo
qué pienso del estilo
una cosa espontánea que se va haciendo sola
siempre escribí en la cama
mucho mejor que en los ferrocarriles
qué más puedo agregar
ah domino el sinónimo
módico exiguo corto insuficiente
siempre escribo pensando en el futuro
pero el futuro
se quedó sin magia
me olvidaba que usted
ya sabe que en el fondo
yo no creo en el estilo.

El amor el amor
ah caramba
el amor
por lo pronto me gusta
la mujer
bueno fuera
el alma
el corazón
sobre todo las piernas
poder alzar la mano
y encontrarla a la izquierda
tranquila
o intranquila
sonriendo desde el pozo
de su última modorra

o mirando mirando
como a veces se mira
un rato antes del beso
después de todo
usted y yo sabemos
que en el fondo
el amor
el amor
es una cosa seria.

Por favor
esto último
no vaya a publicarlo.

[Poemas del hoyporhoy, 1961]

Amores

Cuando el amor es neutro ya no es fuego
si amenaza morir es porque miente
y si envejece prematuramente
es porque lo han dejado sordo y ciego

si el amor guarda llamas para luego
y el contenido se hace continente
si no se atreve ya a morir de frente
es porque ha hecho trampas en el juego

volandero terrestre ultramarino
enciende a veces luces de bengala
y sabe festejar con el vecino

le gusta refugiarse en la promesa
mas sólo le creemos si hace escala
con un certificado de tristeza

[Existir todavía, 2003]

Brindis (I)

Brindo con esta copa
transparente y vacía
por la mansa tristeza
por mi cielo con nubes
por la noche del alma
por la voz de mis muertos
por la llovizna opaca
por todo lo que ignoro
y el fardo de mis dudas
por el dolor de hermanos
y por el projimío
por el futuro a tientas
y el tiempo de nacer

brindo con esta copa
sin odios y sin vino
por el césped que piso
los cobardes suicidas
los suicidas valientes
los repentinos héroes
y los muertos de miedo
por los niños que lloran
y el secreto del mar

brindo por el amor
el que está o el que se fue
el invicto centímetro
de mis duras lealtades
por los viejos demonios
y los ángeles si hay

con esta copa única
transparente y vacía
brindo por la tristeza
que es un modo discreto
de brindar por la vida

[*Adioses y bienvenidas*, 2005]

Hombre que mira un rostro en un álbum

Hacía mucho que no encontraba a esta mujer
de la que conozco detalladamente el cuerpo
y creía conocer aproximadamente el alma

pasado no es presente
eso está claro
pero de cualquier manera hay conmemoraciones
que es bueno revivir

donde hubo fuego
caricias quedan

de pronto ella emerge del susurro evocante
y en voz alta sostiene
que los obreros entienden muy poco
que el pueblo en el fondo es más bien cobarde
que los jóvenes no van a cambiar el mundo
que la violencia bah
que la violencia ufa
que el confort lo alcanza quien lo busca

sólo entonces lo advierto
no me importa que hable en voz alta
mejor dicho no quiero que regrese al susurro
es apenas un rostro en un álbum
y ahora es fácil
          dar vuelta la hoja.

[*Poemas de otros*, 1974]

Bodas de perlas

A Luz

C'est quand même beau de rajeunir.
RONY LESCOUFLAIR

Después de todo qué complicado es el amor breve
y en cambio qué sencillo el largo amor
digamos que éste no precisa barricadas
contra el tiempo ni contra el destiempo
ni se enreda en fervores a plazo fijo

el amor breve aún en aquellos tramos
en que ignora su proverbial urgencia
siempre guarda o esconde o disimula
semiadioses que anuncian la invasión del olvido
en cambio el largo amor no tiene cismas
ni soluciones de continuidad
más bien continuidad de soluciones

esto viene ligado a una historia la nuestra
quiero decir de mi mujer y mía
historia que hizo escala en treinta marzos
que a esta altura son como treinta puentes
como treinta provincias de la misma memoria
porque cada época de un largo amor
cada capítulo de una consecuente pareja
es una región con sus propios árboles y ecos
sus propios descampados sus tibias contraseñas

he aquí que mi mujer y yo somos lo que se llama
una pareja corriente y por tanto despareja
treinta años incluidos los ocho bisiestos
de vida en común y en extraordinario

alguien me informa que son bodas de perlas
y acaso lo sean ya que perla es secreto
y es brillo llanto fiesta hondura
y otras alegorías que aquí vienen de perlas

cuando la conocí
tenía apenas doce años y negras trenzas
y un perro atorrante
que a todos nos servía de felpudo
yo tenía catorce y ni siquiera perro
calculé mentalmente futuro y arrecifes
y supe que me estaba destinada
mejor dicho que yo era el destinado
todavía no sé cuál es la diferencia
así y todo tardé seis años en decírselo
y ella un minuto y medio en aceptarlo

pasé una temporada en buenos aires
y le escribía poemas o pancartas de amor
que ella ni siquiera comentaba en contra
y yo sin advertir la grave situación
cada vez escribía más poemas más pancartas
realmente fue una época difícil

menos mal que decidí regresar
como un novio pródigo cualquiera
el hermano tenía bicicleta
claro me la prestó y en rapto de coraje
salí en bajada por la calle almería
ah lamentablemente el regreso era en repecho

ella me estaba esperando muy atenta

cansado como un perro aunque enhiesto y altivo
bajé de aquel siniestro rodado y de pronto
me desmayé en sus brazos providenciales
y aunque no se ha repuesto aún de la sorpresa
juro que no lo hice con premeditación

por entonces su madre nos vigilaba
desde las más increíbles atalayas
yo me sentía cancerbado y miserable
delincuente casi delicuescente

claro eran otros tiempos y montevideo
era una linda ciudad provinciana
sin capital a la que referirse
y con ese trauma no hay terapia posible
eso deja huellas en las plazoletas

era tan provinciana que el presidente
andaba sin capangas y hasta sin ministros
uno podía encontrarlo en un café
o comprándose corbatas en una tienda
la prensa extranjera destacaba ese rasgo
comparándonos con suiza y costa rica
siempre estábamos llenos de exilados
así se escribía en tiempos suaves
ahora en cambio somos exiliados
pero la diferencia no reside en la i

eran bolivianos paraguayos cariocas
y sobre todo eran porteños
a nosotros nos daba mucha pena
verlos en la calle nostalgiosos y pobres
vendiéndonos recuerdos y empanadas

es claro son antiguas coyunturas
sin embargo señalo a lectores muy jóvenes
que graham bell ya había inventado el teléfono
de aquí que yo me instalara puntualmente a las seis
en la cervecería de la calle yatay
y desde allí hacía mi llamada de novio
que me llevaba como media hora
a tal punto era insólito mi lungo metraje
que ciertos parroquianos rompebolas
me gritaban cachándome al unísono
dale anclao en parís

como ven el amor era dura faena
y en algunas vergüenzas
casi industria insalubre

para colmo comí abundantísima lechuga
que nadie había desinfectado con carrel
en resumidas cuentas contraje el tifus
no exactamente el exantemático
pero igual de alarmante y podrido
me daban agua de apio y jugo de sandía
yo por las dudas me dejé la barba
e impresionaba mucho a las visitas

una tarde ella vino hasta mi casa
y tuvo un proceder no tradicional
casi diría prohibido y antihigiénico
que a mí me pareció conmovedor
besó mis labios tíficos y cuarteados
conquistándome entonces para siempre
ya que hasta ese momento no creía
que ella fuese tierna inconsciente y osada

de modo que no bien logré recuperar
los catorce kilos perdidos en la fiebre

me afeité la barba que no era de apóstol
sino de bichicome o de ciruja
me dediqué a ahorrar y junté dos mil mangos
cuando el dólar estaba me parece a uno ochenta

además decidimos nuestras vocaciones
quiero decir vocaciones rentables
ella se hizo aduanera y yo taquígrafo
íbamos a casarnos por la iglesia
y no tanto por dios padre y mayúsculo
como por el minúsculo jesús entre ladrones
con quien siempre me sentí solidario
pero el cura además de católico apostólico
era también romano y algo tronco
de ahí que exigiera no sé qué boleta
de bautismo o tal vez de nacimiento

si de algo estoy seguro es que he nacido
por lo tanto nos mudamos a otra iglesia
donde un simpático pastor luterano
que no jodía con los documentos
sucintamente nos casó y nosotros
dijimos sí como dándonos ánimo
y en la foto salimos espantosos

nuestra luna y su miel se llevaron a cabo
con una praxis semejante a la de hoy
ya que la humanidad ha innovado poco
en este punto realmente cardinal

fue allá por marzo del cuarenta y seis
meses después que daddy truman
conmovido generoso sensible expeditivo
convirtiera a hiroshima en ciudad cadáver
en inmóvil guiñapo en no ciudad

muy poco antes o muy poco después
en brasil adolphe berk embajador de usa
apoyaba qué raro el golpe contra vargas
en honduras las inversiones yanquis
ascendían a trescientos millones de dólares
paraguay y uruguay en intrépido ay
declaraban la guerra a alemania
sin provocar por cierto grandes conmociones
en chile allende era elegido senador
y en haití los estudiantes iban a la huelga
en martinica aimé césaire el poeta
pasaba a ser alcalde en fort de france
en santo domingo el PCD
se transformaba en PSP
y en méxico el PRM
se transformaba en PRI
en bolivia no hubo cambios de siglas
pero faltaban tres meses solamente
para que lo colgaran a villarroel
argentina empezaba a generalizar
y casi de inmediato a coronelizar

nosotros dos nos fuimos a colonia suiza
ajenos al destino que se incubaba
ella con un chaleco verde que siempre me gustó
y yo con tres camisas blancas

en fin después hubo que trabajar
y trabajamos treinta años
al principio éramos jóvenes pero no lo sabíamos
cuando nos dimos cuenta ya no éramos jóvenes
si ahora todo parece tan remoto será
porque allí una familia era algo importante
y hoy es de una importancia reventada
cuando quisimos acordar el paisito
que había vivido una paz no ganada

empezó lentamente a trepidar
pero antes anduvimos muy campantes
por otras paces y trepidaciones
combinábamos las idas y las vueltas
la rutina nacional con la morriña allá lejos
viajamos tanto y con tantos rumbos
que nos cruzábamos con nosotros mismos
unos eran viajes de imaginación qué baratos
y otros qué lata con pasaporte y vacuna

miro nuestras fotos de venecia de innsbruck
y también de malvín
del balneario solís o el philosophenweg
estábamos estamos estaremos juntos
pero cómo ha cambiado el alrededor
no me refiero al fondo con mugrientos canales
ni al de dunas limpias y solitarias
ni al hotel chajá ni al balcón de goethe
ni al contorno de muros y enredaderas
sino a los ojos crueles que nos miran ahora

algo ocurrió en nuestra partícula de mundo
que hizo de algunos hombres maquinarias de horror
estábamos estamos estaremos juntos
pero qué rodeados de ausencias y mutaciones
qué malheridos de sangre hermana
qué enceguecidos por la hoguera maldita
ahora nuestro amor tiene como el de todos
inevitables zonas de tristeza y presagios
paréntesis de miedo incorregibles lejanías
culpas que quisiéramos inventar de una vez
para liquidarlas definitivamente

la conocida sombra de nuestros cuerpos
ya no acaba en nosotros
sigue por cualquier suelo cualquier orilla

hasta alcanzar lo real escandaloso
y lamer con lealtad los restos de silencio
que también integran nuestro largo amor
hasta las menudencias cotidianas
se vuelven gigantescos promontorios
la suma de corazón y corazón
es una suasoria paz que quema
los labios empiezan a moverse
detrás del doble cristal sordomudo
por eso estoy obligado a imaginar
lo que ella imagina y viceversa

estábamos estamos estaremos juntos
a pedazos a ratos a párpados a sueños
soledad norte más soledad sur
para tomarle una mano nada más
ese primario gesto de la pareja
debí extender mi brazo por encima
de un continente intrincado y vastísimo
y es difícil no sólo porque mi brazo es corto
siempre tienen que ajustarme las mangas
sino porque debo pasar estirándome
sobre las torres de petróleo en maracaibo
los inocentes cocodrilos del amazonas
los tiras orientales de livramento
es cierto que treinta años de oleaje
nos dan un inconfundible aire salitroso
y gracias a él nos reconocemos
por encima de acechanzas y destrucciones

la vida íntima de dos
esa historia mundial en livre de poche
es tal vez un cantar de los cantares
más el eclesiastés y sin apocalipsis
una extraña geografía con torrentes
ensenadas praderas y calmas chichas

no podemos quejarnos
en treinta años la vida
nos ha llevado recio y traído suave
nos ha tenido tan pero tan ocupados
que siempre nos deja algo para descubrirnos
a veces nos separa y nos necesitamos
cuando uno necesita se siente vivo
entonces nos acerca y nos necesitamos

es bueno tener a mi mujer aquí
aunque estemos silenciosos y sin mirarnos
ella leyendo su séptimo círculo
y adivinando siempre quién es el asesino
yo escuchando noticias de onda corta
con el auricular para no molestarla
y sabiendo también quién es el asesino

la vida de pareja en treinta años
es una colección inimitable
de tangos diccionarios angustias mejorías
aeropuertos camas recompensas condenas
pero siempre hay un llanto finísimo
casi un hilo que nos atraviesa
y va enhebrando una estación con otra
borda aplazamientos y triunfos
le cose los botones al desorden
y hasta remienda melancolías

siempre hay un finísimo llanto un placer
que a veces ni siquiera tiene lágrimas
y es la parábola de esta historia mixta
la vida a cuatro manos el desvelo
o la alegría en que nos apoyamos
cada vez más seguros casi como

dos equilibristas sobre su alambre
de otro modo no habríamos llegado a saber
qué significa el brindis que ahora sigue
y que lógicamente no vamos a hacer público.

23 de marzo de 1976

[*La casa y el ladrillo*, 1977]

Señales

En las manos te traigo
viejas señales
son mis manos de ahora
no las de antes

doy lo que puedo
y no tengo vergüenza
del sentimiento

si los sueños y ensueños
son como ritos
el primero que vuelve
siempre es el mismo

salvando muros
se elevan en la tarde
tus pies desnudos

el azar nos ofrece
su doble vía
vos con tus soledades
yo con las mías

y eso tampoco
si habito en tu memoria
no estaré solo

tus miradas insomnes
no dan abasto

dónde quedó tu luna
la de ojos claros

mírame pronto
antes que en un descuido
me vuelva otro

no importa que el paisaje
cambie o se rompa
me alcanza con tus valles
y con tu boca

no me deslumbres
me basta con el cielo
de la costumbre

en mis manos te traigo
viejas señales
son mis manos de ahora
no las de antes

doy lo que puedo
y no tengo vergüenza
del sentimiento

[*El olvido está lleno de memoria*, 1995]

Bienvenida

Se me ocurre que vas a llegar distinta
no exactamente más linda
ni más fuerte
              ni más dócil
                     ni más cauta
tan sólo que vas a llegar distinta
como si esta temporada de no verme
te hubiera sorprendido a vos también
quizá porque sabés
cómo te pienso y te enumero

después de todo la nostalgia existe
aunque no lloremos en los andenes fantasmales
ni sobre las almohadas de candor
ni bajo el cielo opaco
yo nostalgio
tú nostalgias
y cómo me revienta que él nostalgie
tu rostro es la vanguardia
tal vez llega primero
porque lo pinto en las paredes
con trazos invisibles y seguros

no olvides que tu rostro
me mira como pueblo
sonríe y rabia y canta
como pueblo
y eso te da una lumbre
                   inapagable

ahora no tengo dudas
vas a llegar distinta y con señales
con nuevas
                              con hondura
                              con franqueza
sé que voy a quererte   sin preguntas
sé que vas a quererme   sin respuestas.
                              [*Poemas de otros*, 1974]

Mientras tanto

Nada es después de todo tan seguro
como que un día llegará el final
mas como uno vive todavía
al menos por ahora hay que salvarse
hay que meter amor en la mochila
y andar por el futuro imaginario

es entonces que las urgencias ceden
y uno tensa los músculos del alma
mira el alrededor con desparpajo
y se piensa inmortal por un ratito

la buena sangre es como un testamento
y el corazón nombra sus albaceas
todo queda arreglado y uno puede
en cada siesta introducir la paz

nos iremos al fin / pero aquí estamos
con todas las caricias en la mano
otra piel las recibe agradecida
y agradecemos esa gratitud

[*Adioses y bienvenidas*, 2005]

Índice

La herida

Este libro se terminó
de imprimir en
Móstoles, Madrid,
en el mes de
febrero de 2026

«Para viajar lejos no hay mejor nave que un libro».

EMILY DICKINSON

Gracias por leer este libro.

En **penguinlibros.club** encontrarás las mejores
recomendaciones de lectura.

Únete a nuestra comunidad y viaja con nosotros.

penguinlibros.club

Penguin
Random House
Grupo Editorial

 penguinlibros